Die Kirchen der Dichter

Wo Literatur zum Bekenntnis wird
Herausgegeben von
Hanno Helbling

Carl Hanser Verlag

Redaktion:
Gerhard Dette
Deutsche Akademie für Sprache und Dichtung

ISBN 3-446-14953-8
Alle Rechte vorbehalten
© dieser Ausgabe 1987 Carl Hanser Verlag München Wien,
der Texte bei den Autoren
Umschlag: Klaus Detjen, Hamburg
Satz: Fotosatz Otto Gutfreund, Darmstadt
Druck und Bindung: Passavia, Passau
Printed in Germany

Dichtung und Sprache
Band 6

Deutsche Akademie
für Sprache und Dichtung
Darmstadt

Inhalt

Vorbemerkung des Herausgebers 7

Hanno Helbling: Deus absconditus oder:
Dichter als Stellvertreter 8

Martin Gregor-Dellin: Johannes R. Becher.
Vollendung träumend 18

Hugo Loetscher: Das Weiß des Papiers 33

Kuno Raeber: Meine Geschichte mit der Kirche 42

Otto F. Walter: Abschied von einer Madonna 54

Franz Liebl: Religionen 61

Christoph Geiser: Das Martyrium 66

Stefan Straub: Die leere Leinwand 82

Reiner Kunze: Durch die Risse des Glaubens 86

Lothar Baier: An Paul Nizan 89

Lothar Schöne: Das Hülsenkeim-Projekt 97

Rudolf Peyer: Das Gleiche 106

Bio-bibliographische Notizen 107

Vorbemerkung des Herausgebers

Dichtung als Glaubensbekenntnis – als Proklamation oder Ausdrucksform einer Ideologie, einer Weltanschauung. Oder umgekehrt: Glaubensgemeinschaft, religiöser oder politischer Art, als bergender Ort für den Dichter und wegweisend für sein Schreiben. Dieser Themenkreis erscheint hier in essayistischen Texten, in Gedichten, in Romankapiteln. Wobei für manche Autoren die ›Kirche‹ tatsächlich eine christliche Kirche ist, mit der sie sich, vorwiegend kritisch, auseinandersetzen. Bei anderen geht es um die Probleme der Zugehörigkeit zu einer ›chapelle‹, einer literarischen oder politischen Überzeugungsgemeinschaft, einer Partei. Andeutungsweise wird sichtbar, daß solche Zugehörigkeit – daß aber auch der Auszug, die Loslösung aus ideologischen Verbindlichkeiten ihren Preis fordert; und daß es verschiedene Währungen sind, in denen die Dichter für ihre Geborgenheit oder für ihre Freiheit bezahlen.

Hanno Helbling

Hanno Helbling
Deus absconditus oder:
Dichter als Stellvertreter

Unser Thema hat eine historische Dimension, und von ihr soll zuerst die Rede sein.

Ernst Robert Curtius, wo er in seinem Werk *Europäische Literatur und lateinisches Mittelalter* von der theologischen Kunsttheorie der spanischen Literatur handelt, blickt auf die Apologeten des frühen Christentums zurück, die den Wert und die Würde der Dichtung darin begründet fanden, daß Teile des Alten Testaments in Versen abgefaßt waren. Von Hieronymus stammt der erste Entwurf einer biblischen Poetik, von Justinus Martyr die später begreiflicherweise umstrittene Annahme, auch Luzifer habe gedichtet. Literatur könnte demnach göttlichen wie dämonischen Ursprungs sein. Daß der Teufel zur Feder greift, mag – wie erklärt wird – den Zweck haben, Lehren der Heiligen Schrift durch Plagiate in ältere griechische Philosophie zu verpflanzen und damit die Priorität der Offenbarung in Frage zu stellen; oder auch einfach, Irrlehren zu verbreiten.

Nun sind die Ursprünge, und erst noch theoretische, einer Sache durchaus nicht die Sache selbst; sie haben manchmal mit der Sache gar nichts Feststellbares mehr zu tun. Literatur wird, soweit wir wissen, weder von Gott noch vom Teufel gemacht. Indessen gab und gibt es ein Schreiben, ein Dichten, das als Gottes-Dienst verstanden sein will; und es gibt und gab immer schon eine Literatur, die sich nicht so verstand, sei es daß ihre Autoren davon nichts wissen wollten, sei es daß ihnen dergleichen nicht einmal einfiel. Eine Dichtung, die für Teufelsdienst gehalten wurde, hat es zu allen Zeiten gegeben, während sie selbst sich nicht oft wird als solchen verstanden haben, jedenfalls nicht in Verbindung mit einem genuinen Teufels- (und Gottes-)Glauben.

Curtius nennt als Endpunkt einer Entwicklung, die wir hier übergehen, die Verse des Poetikers Boileau:

> De la foi des chrétiens les mystères terribles
> D'ornements égayés ne sont point susceptibles

– was zweierlei, und doppelt Zweifelhaftes, bedeutet. Nämlich: die Inhalte des christlichen Glaubens eigneten sich nicht für die dichterische

Gestaltung – oder, wie man Boileau zuliebe wohl sagen müßte: »Behandlung«; und: die Kunstsprache, poetischer Schmuck, rhetorischer Glanz würden der heiligen Religion nicht gerecht. Natürlich genügt schon der nächstliegende Name, Calderón, um dieses Dekret zu widerlegen – aber kann man ein Dekret widerlegen? Boileau hatte kaum die Absicht, etwas literaturgeschichtlich Richtiges auszusagen; das allerdings wäre ihm gründlich mißlungen. Sondern er wollte ein Prinzip durchsetzen, wonach Glaube und Kunst als getrennte Sphären zu gelten hatten.

Man kann den von Boileau verkündeten Grundsatz so auffassen, wie er ihn meinte: auf den christlichen Glauben bezogen. Man kann ihn zur Probe – und ohne seinen Verfasser dafür in Anspruch zu nehmen – auch etwas weiter interpretieren: Kunst solle nichts mit Bekenntnis oder mit Lehre, nichts mit irgendeiner Wahrheitsfrage zu schaffen haben. So wäre das Prinzip *ad absurdum* geführt; denn in dieser erweiterten Form läßt es sich unmöglich halten (womit auch hätte da Kunst überhaupt noch zu schaffen?); und verzichtet man auf die Erweiterung, so ergibt sich, daß Dichtung jedem Bekenntnis dienstbar sein dürfe, nur dem christlichen nicht; was ja schon beinahe luziferisch anmutet.

Boileau – und er sei nun zum letztenmal genannt – meinte mit den »mystères terribles de la foi des chrétiens« wohl eher die biblischen Stoffe (im besonderen die Passion Jesu Christi) als ein christlich geprägtes Denken, das sich ja auch im Umgang mit mythischen oder profanen Stoffen durchsetzen kann – wie das wiederum nächstliegende Beispiel Racines erkennen läßt. Das Verhältnis dieses Autors zu der Ordensgemeinschaft von Port-Royal, deren Schüler, Chronist und nicht allzu getreuer Anhänger er war, ist von Lucien Goldmann in einer orthodox-marxistischen Studie untersucht worden. Zwei Sätze stehen am Eingang dieser Arbeit, die den Titel *Le dieu caché* trägt. Die Äbtissin von Port-Royal, Mère Angélique, schreibt, ein Wort des heiligen Augustinus bringe ihr Trost: »daß derjenige zu ehrgeizig ist, dem die Augen des zuschauenden Gottes nicht genügen«. Was im Zusammenhang ungefähr hieß, der verantwortlich Handelnde könne und müsse das Urteil der Welt über sein Tun nicht bestimmen; was immer er ausrichte und wie immer darüber gedacht werde, Gott wisse Bescheid, und das sei genug. Der andere Satz ist bei Georg Lukács entlehnt und definiert die Tragödie als »ein Spiel, wo Gott der Zuschauer ist. Zuschauer ist er nur, und nie mischt sich sein Wort oder seine Gebärde in die Worte oder Gebärden der Spielenden«.

Die Zuversicht, daß Gott zuschaut, und die Verzweiflung darüber, daß er nur zuschaut, stehen sich nahe. Bei Racine kommen sie beide zum Ausdruck. Er hat in *Phèdre* eine antike Vorlage gewählt, die nicht den

Austrag zweier Prinzipien darstellt, wie etwa die *Antigone* des Sophokles: wo sich die Gegner in voller Kenntnis dessen, was der je andere denkt und tut, gegenüberstehen und der Chor einen unheilbaren Konflikt abwägend ausformuliert. Sondern eine Tragödie – den *Hippolytos* des Euripides –, die auf Irreführung beruht: ihr Held wird verleumdet, und der Fluch seines verblendeten Vaters bringt ihm den Tod; der Chor sieht dem zu, er schwört bei der Göttin Artemis, »nichts ans Licht zu bringen«; und Artemis, die erst erscheint, da Hippolytos im Sterben liegt, hat nicht rechtzeitig eingegriffen, um dem Willen des Zeus nicht zuwider zu handeln. Racine läßt – folgerichtiger – weder einen wissenden Chor noch einen allwissenden Gott auftreten. Ein klärendes Wort würde das Mißverständnis zwischen Theseus und Hippolytos auflösen, das Unheil abwenden; doch die Instanz, die es aussprechen könnte, die das Geschehen von außen sieht, bleibt der Bühne fern.

In *Britannicus* dagegen, wo der Held nicht einem Irrtum, sondern dem Haß seines Nebenbuhlers zum Opfer fällt, wird doch die Geliebte des Toten zuletzt gerettet: durch das Volk, das sie aus Neros Gewalt befreit und zum Tempel führt; als Priesterin wird sie auch vor dem Kaiser geschützt sein. Dieses Eingreifen ist den Blicken des Publikums noch entzogen. Sichtbar wird aber die Wende, die den Sieg der guten Sache in *Athalie* herbeiführt. Hier droht den Rechtgläubigen die Vernichtung durch die Anhänger Baals; doch nun »öffnet sich der Hintergrund des Theaters: man sieht das Innere des Tempels; und die bewaffneten Leviten dringen von allen Seiten auf die Bühne«. Das Volk wiederum, und ganz offenbar unter göttlicher Leitung, entscheidet über den Ausgang des Dramas; die Theologie des Geschehens findet sich dort, wohin sie im Schauspiel gehört: in den zwei Zeilen einer Regieanweisung. Der zuschauende Gott hat zum Rechten gesehen; und daß ein Chor, gebildet aus den Töchtern des Stammes Levi, an den Vorgängen teilnahm, ließ seine Gegenwart ahnen.

Athalie ist ein Auftragswerk; Racine hat es für die Elevinnen von Saint-Cyr geschrieben. Die Mädchen hatten Corneilles *Cinna* und von Racine selbst *Iphigénie* und *Andromaque* aufgeführt und waren darüber in ein so weltliches Feuer geraten, daß es die Gründerin und Gönnerin des Instituts, Madame de Maintenon, für geraten hielt, den großen Dramatiker »eine moralische oder historische Dichtung, aus der die Liebe gänzlich verbannt« wäre, schreiben zu lassen (so berichtet es Madame de Caylus in ihren *Souvenirs*). Nachdem aber das erste bestellte Werk, *Esther*, 1689 mit großem Erfolg aufgeführt worden war, mußte man feststellen, daß sechs der jungen Schauspielerinnen unter dem Eindruck des religiösen Textes und seiner Publikumswirkung den Schleier nahmen; was auch wieder nicht im Sinne der Stifterin war, denn die Schülerinnen von Saint-Cyr sollten auf ein christliches Leben »dans le monde«, in der Gesellschaft, vorbereitet werden. Daher ging zwei Jahre später *Athalie*, zum gleichen Zweck wie *Esther* geschrieben, nur unter kargem Aufwand und vor einem begrenzten Zuschauerkreis in Szene: eine interne Veranstaltung; heute würde man von einer Studio-Aufführung sprechen.

So sind die beiden Dramen *Esther* und *Athalie*, Racines letzte Werke, in besonderer Weise religiös und gesellschaftlich eingebunden. Vom Auftrag her lag es nahe, war es beinahe unerläßlich, einen Stoff aus den biblischen Geschichten zu wählen. Da es sich kaum empfahl, die Person Jesu Christi auf die Bühne zu bringen, schieden die Evangelien aus; und im Hinblick auf die jugendlich-weiblichen Darsteller eignete die Apostelgeschichte sich auch nicht. Das Alte Testament war dafür eine Fundgrube – zu reich, als daß sich der Dichter nicht immerhin selbst für ein Thema entscheiden konnte, sofern es Gelegenheit bot, eine größere Zahl von Mädchen – in Chören eben – am Spiel zu beteiligen. Wir müssen nicht daran zweifeln, daß die Handlungsabläufe der beiden Stücke nach Racines Geschmack waren; er hatte kein Übermaß an Erbaulichkeit zu erbringen; in seinen Texten konnte der Gottesglaube als historisches Zeugnis zum Ausdruck kommen; nach seinem persönlichen Bekenntnis fragte man nicht. Es kam auf Dezenz an; und die war, wir sahen es, vor Erotik, sie war aber auch vor frommer Ekstase zu schützen.

Verbindlich sind also für einen Autor, der im Rahmen einer Glaubensgemeinschaft arbeitet, Orthodoxie und Konvention; nicht immer beide – und jede nicht immer – gleich streng. Von Zwang ist hier ohnehin nicht die Rede: davon, daß eine Inquisitionsbehörde, eine Parteizentrale bestimmen kann, was geschrieben und wie gedichtet – gemalt, komponiert – wird. Sondern von überzeugter oder doch willig hingenommener Einordnung: der eigenen Existenz, des eigenen Beitrags zum geistigen Leben, in ein weltanschauliches System. Für solches Dazugehören wird freilich ein Preis bezahlt; und auch wer sich ausschließt, bezahlt dafür einen Preis, doch in anderer Währung.

*

Die natürliche Tochter, Goethes fragmentarisches Trauerspiel, vergegenwärtigt das Schicksal einer Entrechteten, der auch der Himmel nicht beisteht. »Habt ihr denn jeder Ahnung euch verschlossen«, fragt Eugenies Hofmeisterin den Sekretär, der das Netz der Intrige um ihren Schützling zieht, »Daß über Schuld und Unschuld, lichtverbreitend, / Ein rettend, rächend Wesen göttlich schwebt?« Allerdings, mit diesem Herrschenden, aber Unerforschlichen rechnen die Feinde Eugenies nicht: »Verstand empfingen wir, uns mündig selbst / Im ird'schen Element zurecht zu finden«, erwidert der Sekretär. Wie also könnte Gott eingreifen? Vielleicht durch das Volk, wie bei Racine? »... Aus roher Menge kündet / Ein mächt'ger Ruf mir meine Freiheit an«, so erklärt die Verfolgte; aber die Hofmeisterin behält recht, die ihr antwortet: »Die rohe Menge hast du nie gekannt, / Sie starrt und staunt und zaudert, läßt geschehn.« Daß Gott »nur zuschaut«, wird in diesem Drama dargestellt.

Fürstenweisheit, die zwar Segen stiften, aber auch getäuscht werden kann, und bürgerliche Ordnung, der eine begrenzende und begrenzte moralische Autorität zukommt: das sind Größen, mit denen in Goethes vorwiegend diesseitsbezogener Welt gerechnet wird. Daß Frömmigkeitsformen weiterleben und auch poetischen Ausdruck finden, daß ein Bedürfnis nach Transzendenz in vielen Gestalten – wie etwa im Freimaurerorden – fortwirkt, verhindert nicht, daß die Literatur aus der Kirche austritt. Nicht von einem Tag auf den andern, nicht überall gleichzeitig. Aber wo es geschieht, da kann man beobachten, daß die Literatur dazu neigt, selbst Kirche zu werden. Die Kunst soll nichts mit Glauben zu tun haben; doch die Kunst als Kunst ist dann Glaubenssache. An die Stelle der Kirche tritt *la chapelle*, die Gemeinschaft, die einen Stil, ein Programm nicht für heilig, aber für ›sakrosankt‹ erklärt und einen Didaskalos, einen Meister, ein Haupt der Schule verehrt. –

»Hier ende ich, ohnmächtig, und nichts, nichts was ich hätte tun oder lassen, wollen oder denken können, hätte mich an ein andres Ziel geführt. Tiefer als von jeder andren Regung, tiefer selbst als von meiner Angst, bin ich durchtränkt, geätzt, vergiftet von der Gleichgültigkeit der Außerirdischen gegenüber uns Irdischen. Gescheitert das Wagnis, ihrer Eiseskälte unsre kleine Wärme entgegenzusetzen.« Christa Wolfs bekenntnishafte Erzählung *Kassandra* führt weiter, was in der *Natürlichen Tochter*, vor christlichem Hintergrund, als Tragödie angelegt war. Scheitern an der »Gleichgültigkeit der Außerirdischen« – daran, daß »Gott nur zuschaut«. Und wie Eugenies Feinde es nutzen, daß ihren Anschlag kein höherer Wille durchkreuzt, so stehen Kassandra die Helden gegenüber, deren wüstem Treiben die Götter nicht Einhalt gebieten; im Gegenteil hält sich der Krieg der Griechen und der Trojaner, ein blutig-grausamer Kampf um Phantome, an einen olympischen Kodex – der allerdings menschlich und im besonderen männlich geprägt scheint.

In einer Gott-losen Welt »unsre kleine Wärme«. Die Selbsthilfe derer, die sehen können, welcher Weg in den Abgrund führt und was nottut, wenn das Leben fortdauern soll. Sie kommt, wie Kassandra erkennt, gegen die Kälte nicht auf; gegen die Kälte der ›höhern Prinzipien‹, die den Machtkampf im Gang halten, die in folgerichtigem Wahn auf den Untergang hinwirken. »Gescheitert das Wagnis«, aber dieses Scheitern hat eine Vorgeschichte. Der Fluch, der Kassandra trifft: daß sie hellsichtig ist, aber niemand ihr glaubt – dieser Fluch vernichtet sie nicht im Handumdrehen. Die »kleine Wärme«, auch wenn sie zuletzt nicht genügt, hält doch eine Weile vor. Kassandra lebt nicht ohne Einverständnis, mit wenigen zwar; und nicht ohne Liebe. Sie endet »ohnmächtig«, aber mit dem Wunsch auf den Lippen, daß ihr Opfertod einen Schatten auf das verblendete Heldentum – des Achilleus, zum Beispiel – werfe. Eine Heilstat ist das noch kaum; auch dürfte die Parallele zum Tod am Kreuz nicht beabsichtigt sein.

Es geht jedoch von der Kassandra-Geschichte ein Licht aus (oder fällt es auf sie?) im Zusammenhang mit Versuchen, dem heutigen Stand der Dinge – der »Eiseskälte«, die ihm nicht eben fremd ist – die »kleine Wärme« des Friedensgedankens, der bewahrenden Lebensfreundlichkeit, des Vertrauens in andere als bedrohliche Kräfte entgegenzusetzen. Nun war aber auch die Verbindung Eugenies mit dem Gerichtsrat, die häuslichstrenge Gemeinschaft, die eine Zuflucht vor Staats- und noch mehr vor Machträson bieten sollte, eine solch schutzverheißende Widerstandszelle; und umgekehrt, die Gefahr und wohl die Voraussicht endgültigen Scheiterns: der Überwältigung durch die Kampfinstinkte und -ideale der ›Großen‹ und der von ihnen gelenkten Menge, sie waren (wie jedenfalls Ansätze und Entwürfe zeigen) in der *Natürlichen Tochter* die gleichen wie die, von denen Kassandra in Christa Wolfs Erzählung verfolgt wird.

Die politische Einsicht, die Goethes Drama vermitteln sollte, erschließt sich nur sehr zum Teil; das Werk ist wohl nicht durch die Schuld eines Zufalls Fragment geblieben, und erst recht überdeckt nicht von ungefähr die Harmonie seiner Verse ein abgründig böses Geschehen. Der Text verbirgt vieles und enthüllt weniges wenigen. Doch daß er so nachdrücklich einer Elite zugedacht ist, eben darin liegt eine politische These, nämlich: Das Heil, wenn es überhaupt noch kommt (was kaum wahrscheinlich ist), muß von einer sehr kleinen Gemeinschaft her kommen. Weder von Gott noch vom Volk, sondern von ausgezeichneten Menschen. Und diesen Glauben versucht auch Kassandra sich zu bewahren, fast ganz vergeblich. Man braucht aber bloß anstelle von ausgezeichneten Menschen von Auserwählten, von ihrer »winzigen Schar« zu sprechen, damit die Idee der Kirche sich in Erinnerung ruft – oder der *chapelle*; denn nun geht es ja um das richtige, gültige Menschenwort, das der Dichter zu sprechen hat, nicht als Diener Gottes, sondern als eigengesetzlicher Träger einer Verantwortung in der Welt.

*

Das Ineinandergreifen von Orthodoxie und Konvention, das bei Racine zu beobachten ist, setzt Übereinstimmung von Kirche und Gesellschaft voraus. Der Sieg des Guten und der Untergang des Bösen – in *Athalie* – ist beiden gemäß; doch ein tragisches Ende, das ein nur zuschauender Gott nicht verhindern mag, wird durch das Bündnis von Thron und Altar weder von der Bühne noch sonst aus der Literatur verbannt. Zumal die Tragödie noch eine andere, tiefere Wurzel als das fatale Mißverständnis, die nicht rechtzeitig aufgedeckte Intrige kennt. Wie schon angedeutet: in *Antigone* stehen sich die Verfechter zweier Prinzipien gegenüber, deren Unvereinbarkeit keiner Klärung bedarf und keine Heilung zuläßt. Der *doxa*, die Antigone, göttliches gegen menschliches Recht ausspielend, vertritt, wird eine höhere Orthodoxie zugebilligt als den gesellschaftlich begründeten Lehren Kreons. Aber erst die Katastrophe darf den König eines Besseren belehren. »Weh mir, wie erkennst du so spät das Rechte.« »Ich erkenn es im Leid – mich schlug ein Gott dort aufs Haupt, schwer, und warf mich auf wilde Wege.« An dem Irregeführten vollzieht sich »zuvorgesetztes Verhängnis« unter den Augen regloser Götter. Der Chor allerdings – die Stimme des Volkes – hat zum Vergleich gemahnt, und ganz unmöglich war es nicht, daß die Gegner durch seine Worte eine höhere Weisung vernehmen würden.

Nichts aber, so scheint es, bannt den Konflikt zwischen Kräften, die sich in einer Seele bekämpfen – Liebe und Pflicht, in Corneilles *Cid* – und aus unvereinbaren Lebensgesetzen sich legitimieren. Dann wäre die Unvereinbarkeit eben der Lebensgesetze, mitsamt dem stets wieder aufgenommenen Ringen um ihre Harmonisierung, ein Urstoff der Literatur – und zugleich ihre theologische, aber auch ihre politische Wurzel? Denn immer muß es ja darum gehen, eine höhere Instanz dingfest zu machen, die den Konflikt überwinden oder die Schuld an ihm übernehmen muß, eine »außerirdische« oder eine weltliche – staatliche, gesellschaftliche – Instanz. Und verantwortlich dafür, daß der Appell an sie ergeht, daß ihr Eingreifen oder ihr verborgenes Zuschauen festgestellt wird, ist der Dichter.

Dichtung hätte es also gerade mit den »mystères terribles« zu tun, die sie nach einer Doktrin von klassischem Geltungsanspruch vermeiden sollte? Es scheint so. Jedenfalls paßt die Frage »Mein Gott, mein Gott, warum hast du mich verlassen?« nicht übel in die skizzierten Zusammenhänge. Auch Eugenie konnte sie stellen. Und über Romanen und Erzählungen Kafkas würde sie ein ganz einleuchtendes Motto abgeben. Nur daß der Appell an die höchste Instanz hier nichts Faßbares vorträgt – nichts mehr fragt oder fordert, sondern allein noch Beziehung herstellen, eine Rufdistanz ausmachen, ein Gegenüber erreichen möchte; vor dem leeren Thron, vor dem verlassenen Altar werden die Lebensgesetze zunichte, und ihre Konflikte zerfallen mit ihnen. Konvention versinkt in ritueller Willkür, Orthodoxie wird gegenstandslos, weil der Glaube vergessen hat, was er glaubt. Und nur eben dies stellt der Dichter noch fest.

Doch zeigt sich auch hier wieder – wie in *Kassandra* – ein Endpunkt und nicht die Ausgangslage. Zwischen einer erlöschenden Hoffnung und der verzweifelten Einsicht in ihre Unerfüllbarkeit liegt zwar kein langer Weg, aber Hoffnung war da, hatte einst sogar einen Inhalt und ließ sich daher – mit wenigen freilich, mit einer »winzigen Schar« – noch teilen. Ein Chor konnte ihr seine Stimme leihen, und der Dichter lieh sie dem Chor: Die Idee einer Gemeinschaft, die das Rechte zu erkennen meint und anzuerkennen mahnt, wird nicht so leicht verabschiedet: ob sie nun nach der Seite des Altars oder des Throns für einen Konsens oder doch für die Hegung eines Konflikts, für den Fortbestand widerstreitender Lebensgesetze soll eintreten dürfen oder selbst beide Instanzen zugleich beanspruchen kann; mit allem, was die Übereinstimmung zwischen ihnen für die Freiheit der einzelnen dann bedeuten würde.

*

Kunst und Glaube – Gesellschaft und Überzeugungsgemeinschaft (wie etwa Kirche): die Begriffe ordnen sich heute noch auf bedeutsame Weise einander zu.

Es gab um die Mitte dieses Jahrhunderts vielleicht keine konfessionelle Literatur mehr, aber noch Reste einer konfessionell geprägten Lesekultur. Der katholische Student versah sich mit Werken von Léon Bloy und Charles Péguy, Claudel und Bernanos, Gertrud von LeFort, Reinhold Schneider, Guardini und Béguin. Katechismen waren das nicht. Das Christentum und zumal die Kirche wurden von problematischen Seiten gezeigt, und daß »die Pforten der Hölle nicht stärker sein« würden, stand keineswegs fest; es durfte nicht feststehen, denn nach Erbauung fragte man ausdrücklich nicht. Auch eine sozialkritische Stoßrichtung war diesem Schrifttum nicht fremd – war es christlichen Autoren nie gewesen angesichts einer mit Gott zerfallenen Gesellschaft, deren Sünden man gegeißelt hatte, noch ehe man ihre Strukturen in Frage stellte. Da sich die Sozialkritik nun gegen den Kapitalismus wandte, begann man von »Linkskatholizismus« zu sprechen, was wenige Jahrzehnte zuvor noch hölzernes Eisen gewesen wäre. Solange man aber die Kirche mit der bestehenden Gesellschaftsordnung verbündet sah, konnte man diese nicht kritisieren, ohne auch jene oppositionell zu beunruhigen, und eben damit hielt man sich auf dem intellektuellen Niveau, ohne das ein konfessionell gefärbtes Schreiben nicht literaturfähig sein konnte.

Wiederum also entstand eine *chapelle*, ob noch als Seitenkapelle der großen Kirche, ob als selbständiger Bau, und in welchem Sinne sakral, war nicht immer leicht zu entscheiden. Und der innere Zusammenhalt einer solchen Schule oder Bewegung, ihre Gegnerschaften, ihre Verwandtschaften blieben ungewiß, strittig und widerspruchsvoll. Zu Berührungen des modernen Katholizismus mit dem Existentialismus kam es in Frankreich zu einer Zeit, da die deutsche Literatur sich französischem Einfluß auftat. Christliche Sozialethik und marxistisch inspiriertes Revolutionsdenken verbanden sich auch auf deutsch-protestantischer Grundlage; darüber, daß Gott noch im günstigsten Fall nur zuschaue, war man sich ungefähr einig, und die Vorstellung, daß sich sein Wille durch das Volk kundtun könnte, war dem historischen oder dialektischen Materialismus so fremd wie dem demokratischen Liberalismus. Auf »ein rettend, rächend Wesen« zählten höchstens noch Sektierer, und sich »mündig selbst/Im ird'schen Element zurecht zu finden« war die bare Selbstverständlichkeit geworden.

Also Säkularisierung – also Auseinandersetzung nur noch mit Staat und Gesellschaft? Doch daß die Literatur nun wirklich aus der Kirche ausgetreten war, mußte sie weder von einem ideologischen Christentum trennen (das sich, zumal in seiner Sozialkritik, seinerseits ohne die Kirche behelfen konnte und mitunter mußte) noch sonst von ideologischer Gläubigkeit. Und Gläubigkeit stiftet Gemeinschaft – mag sie auch ›Gruppe‹ heißen und eine politische oder ästhetische oder politisch-ästhetische Richtung vertreten: einem Programm verpflichtet sein, dessen Grundsätze für ihre Mitglieder als ›sakrosankt‹ gelten. Immer noch ist der Dichter in solchem Verband dafür mitverantwortlich, daß eine Einsicht sich durchsetzt, eine Lehre verbreitet wird, eine ethische oder künstlerische Überzeugung an Boden gewinnt.

Der Gedanke der Orthodoxie lebt weiter; nicht in der Form, daß Konflikte einer gottgewollten Lösung entgegengeführt würden; aber im Sinn der Parteinahme. Wobei das gemeinschaftliche Engagement in Fragen der

Staatspolitik (etwa Frieden und Krieg betreffend) oder der öffentlichen Moral nur eine der möglichen Formen, wenn auch die auffälligste, unter anderen bildet. Die Selbst-Einordnung der Literatur in ein größeres Ganzes kann ebenso wohl eine Randposition wählen. Der enge Kreis, der sich um Stefan George gebildet hat, ist eines von vielen Beispielen für den Versuch, einen streng spezifischen Beitrag der Kunst, ohne jede Beimischung anderer als ästhetischer Momente, an Kultur und Gesellschaft zu leisten. Hofmannsthal hat sich erdreistet, George angesichts der Gefahr eines Krieges zwischen Deutschland und England um seine Beteiligung an einer Briefaktion zu ersuchen; deutsche Prominente sollten sich an die britische Öffentlichkeit, englische sich an die deutsche wenden. George entwarf eine Antwort, die folgendermaßen begann: »Käme diese zuschrift nicht von Einem dessen verstand ich aufs höchste bewundre: so würd ich sie für einen scherz halten. *wir* treiben doch weder mit geistigen noch mit greifbaren dingen handel von hüben nach drüben. was soll uns das?« (4. Dezember 1905). Zur Orthodoxie gehörte für ihn die selbstverständlichste Abstinenz von allem Politischen; ›reine‹ Kunst galt soviel wie im religiösen Bereich ›reiner Glaube‹.

In solchen Fällen nimmt die Frage der Zugehörigkeit oder des Ausschlusses (auch des Selbst-Ausschlusses) besondere Schärfe an. Rechtgläubige entrichten den Tribut ihrer Gesinnung und ihres Verhaltens; Abtrünnige und Verstoßene zahlen den Preis ihrer Freiheit. Der Ketzer wird isoliert – ob er nun gegen die Lehre des *l'art pour l'art*, gegen religiöse oder ideologische Dogmen verstoßen hat. Die Trennung von der *communio sanctorum* der Kirche oder einer Partei ist ein schwerer und schmerzhafter Vorgang, sie kann – wie das Beispiel des kommunistischen *défroqué* Georg Lukács zeigt – die geistige Existenz von Grund auf erschüttern; und kann sie auch steigern, wie Ernesto Buonaiuti bewiesen hat, der exkommunizierte und seines Amtes enthobene Kirchenhistoriker (denn der Faschismus hat Thron und Altar mitunter geeinigt).

Der Ketzer verfällt der Vereinzelung – und ist nicht der einzelne immer ein Ketzer? Der Schriftsteller kann sich im Namen einer Orthodoxie gegen Konventionen auflehnen, kann im Einklang mit der Konvention die eine oder die andere Orthodoxie ablehnen; hält er sich aber durchaus abseits, stellt er Orthodoxien wie Konventionen in Frage, so kann sein Tun in der Gesellschaft ebenso wie unter Gläubigen in ein luziferisches Licht geraten. Ihm aber bleibt dann noch immer das tröstende Wort des heiligen Augustinus, »daß derjenige zu ehrgeizig ist, dem die Augen des zuschauenden Gottes nicht genügen«.

Martin Gregor-Dellin
Johannes R. Becher
Vollendung träumend

Die Literaturgeschichte kennt seltsame Verkehrungen: Der zu Lebzeiten
so gut wie Unbekannte bringt es zu Jahrhundertgeltung, und in den
Staub sinkt das mit Lorbeer bekränzte Haupt. Was verdirbt die Karrie-
ren, wer macht den Ruhm? Wer erklärt in dem einen Fall das plötzliche
Verstummen? Warum, im andern Fall, soviel Papier verschwendet an die
Produkte redseliger Epigonen? Für alles stehen Namen. Aber fragwürdi-
ger ist wohl kaum ein Dichtertum gewesen als das Johannes R. Bechers,
keins schwerer zu fassen: eine Biographie voll der Krisen, Prüfungen und
Erhöhungen, voll der schätzenswerten Motive und Antriebe – und ver-
finstert von leeren Himmeln, verheimlichten Niederlagen, ein Trüm-
merland poetischer Versuche. Da nahm einer von der Bürgerzeit mit
schrillen Schreien Abschied – und endete als Geibel des Kommunismus.
In immer neuen Werkausgaben mit hohen Auflagen gedruckt, blieb er so
gut wie ungelesen. Er wurde mit Schiller und Heine verglichen – und
vergessen. Einst Revolutionär, dann Emigrant, süchtig nach Heimat, ge-
noß er schließlich dreizehn Jahre lang die zweifelhafte Ehre eines unan-
greifbaren Staatspoeten, als ein »Dichter der Nation«. Ich kannte und sah
ihn, wie man aus der Menge in einem Saal zum Podium hinaufblickt: dort
saß er und sprach, mit kalter Stimme, schmalen Lippen, unbewegt, die
Augen hinter einer großen gelben Hornbrille von Selbstmitleid umflort,
den Blick über Menschen hinweg, die seine Freunde nicht sein konnten,
ein Proklamierer, Literatur-Beamter und Kultur-Minister in cäsarischer,
selbstverschuldeter Einsamkeit.

Johannes Robert Becher wurde am 22. Mai 1891 in München geboren.
Der strenge Vater war Amtsrichter und brachte es in den zwanziger Jahren bis zum Oberlandesgerichtspräsidenten. Er stammte aus Franken.
Seine Mutter Johanna, geborene Bürck, kam aus dem Badischen und war
die Tochter eines Apothekers in Durlach. Becher besuchte in München
das Maximilians-Gymnasium, wurde aber vorübergehend vom Vater wegen Widerspenstigkeit in ein Erziehungsheim geschickt. Daß sich die
Mutter willig den Strafaktionen unterwarf oder sich sogar an ihnen betei-
ligte, scheint Bechers psychische Ausgangslage verschlimmert zu haben.

Schon sein erstes Gedicht entstand aus Rebellion und Widerspruch. Er war damals vierzehn Jahre alt und wurde von seinem Vater aufs härteste bedrängt. Was immer er anstellen mochte, er konnte den »Steckbriefen«, »Verhören« und »Indizienbeweisen« des Vaters nicht entkommen. Da nun ausgerechnet der ungeliebte Vater ihn einige Jahre später aus der schlimmsten Krise seiner Jugend rettete, vernarbte diese Wunde wohl nie. Das Entkommen blieb Motiv aller seiner revolutionären Dichtungen und Abschiede: vom Bürgertum, vom Vaterhaus und von der Religion. Aber er brauchte Deckung von der andern Seite, und dieser Schutz hatte seinen Preis.

Sein einziges heute noch lesbares Buch heißt »Abschied«, ein verstellter Spiegel, in dem er seine Jugend sah. In diesem 1940 in der Sowjetunion zu Ende geschriebenen autobiographischen Roman erzählte er auch von dem versuchten Doppelselbstmord, der ihn zum erstenmal aus der Bahn warf: Aus Eifersucht erschoß er seine Geliebte und wollte sich selbst das Leben nehmen. Die Autorität des Vaters verschaffte dem Sohn zwar die mildernde Beurteilung des Paragraphen 51, aber seine Sonderstellung als Gezeichneter schleuderte ihn aus der bürgerlichen Gesellschaft.

Kurz nach dem Abitur, 1911, ging Becher nach Berlin und veröffentlichte dort seine erste Dichtung, die Kleist-Hymne »Der Ringende«. Von einem hochstöckigen Mietshaus in der Nähe der Warschauer Brücke aus entdeckte er die Großstadt Berlin. Bechers dichterische Arbeiten brachten ihm Verbindung zu Schriftstellern wie Dehmel, Liliencron und Leonhard Frank. Während der Münchner Studienjahre von 1912 bis 1914 war Becher Mitherausgeber der Zeitschriften *Revolution* und *Die neue Kunst*. In Schwabing gehörte er dem Kreis um Waldemar Bonsels an. 1914 verweigerte er den Kriegsdienst, und während des Ersten Weltkriegs entdeckte er für sich den expressionistischen Stil. Er fühlte, dachte und schrie mit den Expressionisten, er »schmiß Silben«. Hatten seine ersten Gedichte noch den Einfluß von Walt Whitman und Georg Heym verraten, so ließ ihn seine Vehemenz bald alle, die mit ihm antraten, überbieten. Die Woge trug. Während des Krieges gehörte er zum Kreis der *Weißen Blätter* und der *Aktion*. Aber der Bruch mit allem Gewesenen war noch nicht vollkommen. Folgerichtig begrüßte er als erster westeuropäischer Literat 1917 die russische Oktoberrevolution. Im gleichen Jahr trat er der USPD bei, 1918 schloß er sich dem Spartakusbund an, und 1919 gehörte er schon zur KPD. Dies entschied über sein Leben, auch wenn es seine Dichtung noch nicht sofort beeinflußte. Später urteilte er über seine poetischen Anfänge: »Wie von einem Fremden geschrieben, liegen Gedichte vor mir, deren Verfasser ich selber bin. Es sind teils schlechte, teils gute. Mit keinem von beiden vermag ich mich ohne weiteres zu identifizieren.«

Es brodelte in diesen Gedichten so vulkanisch wie bei Stramm, Stadler, Lichtenstein und Theodor Däubler. Den meisten Expressionisten gab ein mythisch-poetischer Ansatz oder (bei Däubler) eine kosmologische Spekulation von Anfang an Richtung. Becher legte sich zunächst noch nicht fest. Mit Jakob van Hoddis, Ernst Blaß und Kurt Hiller zählte er zum Kreis der »fortgeschrittenen Lyriker«, deren Verse in Pfemferts *Aktion* und in Herwarth Waldens *Sturm* erschienen. Becher war auch unter den 22 Beiträgern der Anthologie *Menschheitsdämmerung*, die Kurt Pinthus 1920 herausgab. Es war Jahrhundertstimmung, dem Bürger flog »vom spitzen Kopf der Hut«, wie van Hoddis dichtete, der Sturm war da: »Ein neues Weltgefühl schien uns ergriffen zu haben«, schrieb Becher, »das Gefühl von der Gleichzeitigkeit des Geschehens.« Man nannte diesen Zug in der neuen Dichtung den Simultanismus. Abläufe, chronologische und kausale, wurden verworfen. Vers und Prosa sollten die Welt umspannen, der Dichter zog die Dinge und Menschen an sich, umarmte sie und drückte sie an sein Herz, auch wenn er ihnen dabei Gewalt antat: »Tausender Leben finde ich in mir. Bin jung. Bin alt. Bin Kind, bin Berg, bin Stadt, bin Land. Jungfrau, Dirne, Soldat, Matrose. Lebendig. Tot.« Bechers Silben schäumten wie ein aufgewühlter Orkan, kein Maß war mehr erlaubt: »Singe mein trunkenstes Loblied auf euch, ihr großen, ihr rauschenden Städte. / Trägt euer schmerzhaft verworren, unruhig Maß doch mein eigen Gesicht! / Zerrüttet wie ihr, rüttelnd an rasselnder Kette!«

Becher war im Gebrauch seiner Mittel nicht wählerisch. Hymnische, gleißende Edelvokabeln verschmähte er ebensowenig wie den Stabreim. Er begnügte sich auch nicht mit dem Auslassen der Artikel oder mit gehäuften Partizipial-Konstruktionen wie Carl Sternheim, sondern ließ die Prädikate unvermittelt explodieren, ein Satz schleuderte den andern aus sich heraus, und das Resultat war äußerste Verkürzung.

O welch Miteinander-Zueinander!
Schöpfung. Die Verwirklichung. Empfänger des Geistes.
Da eurer Kerker Öde zerriß der Liebe Oleander,
Menschen-Fraß ausmerzte dein Bruderbund.
Der Eine, der Einzige ist da!
Sei gegrüßt:
Du! Mensch!

So 1919 in einer Hymne »An Tolstoi«. Aber das Ausbrechen der Satzgelenke wirkte allmählich stereotyp, es war kein Stil von Dauer. Der gleichzeitig antretende Gottfried Benn nahm auf die tieferen rhythmischen Gesetzmäßigkeiten der Sprache genauer Rücksicht. Und schlich sich nicht auch schon das Konventionelle ein, das gestelzte Pathos? »Glänzende Glorie, seltsamst verwoben aus Licht und Nacht du, die meine zerrissene Stirn umflicht...« Seltsamst? Und, des Reims auf »Scharen« wegen, erzwungene Inversionen: »Rasende Automobile an schimmernden Palästen vorfahren...« Da mußte wohl etwas anderes kommen, und tatsächlich machte sich schon 1919 in den *Gedichten um Lotte* und 1921 mit dem Durchbruch des Religiösen in den Gedichten *Um Gott* eine Beruhigung bemerkbar. Sanfte Rilke-Töne mischten sich dem jungen Becher ins Geschrei:

> Geliebter Gott, gib, daß ich mich verschweige.
> Daß wunder-sanft du in den Arm mich löst.
> Du schlürfst mich aus. Ich aber geh zur Neige.
> Dein Schwert tut wohl, wenn's auch das Herz durchstößt.

Wenn's auch entgleiste, das war ein andrer Ton als der des Ekels, der noch kurz zuvor in *De Profundis Domine* Bechers Dichtung mit einem Pesthauch der Verwesung überzogen hatte. Eiter, Kot, Schimmel, Aas, Geschwür und Gestank hatten zu einem Vokabular gehört, das ihn einen Augenblick mit dem frühen Benn, dem Dichter der Krebsbaracke, des Verfalls und des Leichenschauhauses verwandt erscheinen ließ. Doch zum Wortschatz des Ekels gesellte sich bei Becher alsbald der sozialrevolutionäre Aspekt. Noch war das wirr, noch rief er in Schreckensorgien aus Worten zugleich Schicksal, Menschenkörper und Weltraum an:

»Du Scheusal! Luder, Bestie, Vieh! Du Abschaum aller Scheußlichkeit der Erde! Du Niedertracht! Triumphgeburt schamlosester Gemeinheit! Schlange! Hohngelächter du über Leichen hin: ich hasse, hasse, hasse! Schlag Flammen, Haß! Mich dürstet nach deinem Blut! Und alle meine Liebe bleibt auf ewig so Abbild stürmischen Mordens.«

Das Ungerichtete daran war das eigentlich Beunruhigende. Bechers Ausbrüche kamen nicht aus dem Herzen eines Menschen, der ein Temperament war, sondern der sich anstrengte, ein Temperament zu sein. Er tobte, um seinen Bindungen zu entkommen. Das sah auch schon die zeitgenössische Kritik. »Nicht ein Eindruck wird nachgezeichnet«, schrieb Oskar Loerke über den frühen Becher, »sondern der Eindruck eines Eindrucks.« Es war eine kalte Brunst. Loerke erkannte als erster die Forciertheit in den weltzerfetzenden Eruptionen dieses Dichters, damit aber auch die drohende Selbstzerstörung eines Talents. Einzig in den expressionistischen Liebesliedern schien Becher der Guß der Lava in die Form zu gelingen:

> Du Südolive. Haupt aus Mondfrucht. Wiese.
> Die Wange mit zerschmolzenem Himmelsstern.
> Ich: – Panthervieh! Und stampfend. Finstrer Riese,
> Der schmiß in Trümmer eure Welten gern.

Die Ekstase der Expressionisten erreichte in Bechers Dichtung ihren Höhepunkt. Jeder Kompromiß an das für philiströs gehaltene Publikum wurde verweigert. Aufruhr und Empörung, Vorrechte der Jugend, wurden ins Programmatische stilisiert, aber nur scheinbar lagen alle diese Rebellen im Kampf mit der Welt. Einige lagen nur im Kampf mit sich selber, und ist dieser Kampf ausgekämpft, ist die schützende Burg erreicht und die Zugbrücken gehen hoch, so tritt gewöhnlich Erstarrung ein, und nur die überkommene Form vermag noch zu weiterer Produktivität anzuhalten. Johannes R. Becher war allen Ernstes der Meinung – und blieb dieser Meinung bis zu seinem Lebensende –, daß die Form des Sonetts berufen sei, die Schreie des Expressionismus abzulösen. Vermutlich kannte er Friedrich Schlegels These, die Form des Sonetts eigne sich »zum mystischen Gedanken, zum Gebet«. Es war das Programm einer neuen Feierlichkeit. Becher bediente sich des Sonetts, als die Erhitzungen verglüht waren. Damit begann ein Prozeß der Versteinerung, der die Schlacken der alten Glut einschloß.

Bechers Wandlung vollzog sich keineswegs von heute auf morgen. Zunächst begann die Welt der Technik, der Maschinen und der Arbeit seine Lyrik zu durchsetzen. Er unterschied sich kaum noch von Heinrich Lersch, Max Barthel und Gerrit Engelke. Mit Walter Hasenclever gehörte Becher zu den prominentesten politischen Dichtern dieser Richtung. Sie waren anfangs noch religiös gestimmt und forderten den »neuen, den heiligen Staat«. Jeder Satz sollte »ein funkelndes Programm« sein, der Dichter sollte die Trommel peitschen und das Volk mit gehackten Sätzen aufreißen: »Laßt uns die Schlagwetter-Atmosphäre verbreiten!/Lernt! Vorbereitet! Übt euch!« (Später, in der DDR, hieß es bei dem gleichen Becher: »Dichter, übt euch im Weitsprung, im Kugelstoß./Auch die Jolle wartet auf ein Gedicht.«). Bechers Verse, die Sturzwellen der Wörter, seiner Sätze, Kataraktmusik, erinnerten Mitte der zwanziger Jahre an militärische Kommandos und Manifeste. Die Gedichtsammlungen hießen: *An Alle, Verbrüderung, An Europa, Päan gegen die Zeit.* Sie sollten die Herzen erwecken und den Sturz einer vergreisten Welt vorbereiten. Noch immer brach verzückte Sehnsucht nach dem heilenden Gott hervor, der dann zugunsten Lenins aufgegeben wurde. Aber das alles entstammte ja nicht der Erfahrung, sondern intellektueller Spekulation. Erlebnis wie Utopie kamen aus zweiter Hand. Zwar suchte er die Genossen und die Nähe der Partei, seine Bücher hießen jetzt *Am Grabe Lenins, Vorwärts, du rote Front!* (beide 1924) und *Der Leichnam auf dem Thron* (1925), aber die Schriftsteller des Proletariats akzeptierten diesen bürgerlichen Intellektuellen nur widerwillig und empfanden ihn als einen Fremdkörper in ihren Reihen. Er war ihnen geistig überlegen und ließ sie das auch fühlen. Sie zollten seiner politischen Aktivität Beifall, aber kaum einer seiner Kampfgenossen wurde ihm zum Freund. In einem Abstand aus Kälte ging er neben ihnen her und ließ sie bald hinter sich. Mit einer Mischung von Bewunderung und Mißtrauen, Respekt und Neid sahen sie ihn seine steile Bahn ziehen. Er besaß einflußreiche Gönner im Zentralkomitee der Partei, und er erregte Aufsehen: 1925 wurde er in Urach wegen Vorbereitung zum Hochverrat und Gotteslästerung verhaftet. Das Verfahren wurde zunächst eingestellt, als jedoch 1926 Bechers Roman *Levisite oder Der einzig gerechte Krieg* erschien, verbot der Polizeipräsident von Berlin das Buch und erhob erneut Anklage. Der Prozeß löste unter den europäischen Schriftstellern einen Sturm der Entrüstung aus. Bertolt Brecht, Romain Rolland, Maxim Gorki, Ernst Toller, Egon Erwin Kisch und Arthur Holitscher traten zu Bechers Verteidigung an.

Becher gehörte 1928 zu den Mitbegründern des Bundes proletarisch-revolutionärer Schriftsteller und gab die Zeitschrift *Die Linkskurve* heraus. Die KPD stellte ihn als Reichstagsabgeordneten auf, seine literarisch-politische Doppelkarriere begann. Und es ist bezeichnend, daß sich mit dieser engeren parteipolitischen Bindung – ungefähr seit dem hymnischen Gedicht »Der an den Schlaf der Welt gerührt, Lenin« von 1928 – auch die Sprache Johannes R. Bechers veränderte. Der Dichter opferte das Experiment einer Doktrin, er gewann etwas, das ihn zugleich rettete – und verdarb. Paradoxerweise knüpfte er volkstümelnd an die Erbauungsliteratur einer bürgerlichen Gesellschaft an, der er zu entkommen versucht hatte. Zwischen 1928 und 1930 begann seine Metaphorik zum erstenmal auszubluten, die einst so gewalttätigen Sätze und Verse glätteten sich und wurden blaß. Was dahinterstand, ließ schon sein Rundfunk-Gespräch mit Gottfried Benn aus dem Jahre 1930 erkennen:

Ich verfolge mit meiner Dichtung die Tendenz, die heute meiner Ansicht nach jede Dichtung aufweisen muß, die Anspruch darauf macht, eine lebendige Dichtung zu sein, das heißt eine Dichtung, die in den entscheidenden Kräften dieser Zeit wurzelnd, ein wahres und geschlossenes Weltbild zu gestalten vermag.

Dieses Weltbild war der Marxismus-Leninismus, der sich dem ruhelosen Ekstatiker als einzige Bindung anbot. Bechers Entwicklung war abgeschlossen. 1932 wurde er Feuilletonredakteur des Zentralorgans der KPD, *Rote Fahne*. 1933 gelang Becher im letzten Augenblick die Flucht vor den Nationalsozialisten. Über Wien, Brünn, Prag und Paris gelangte er nach Moskau, wo er sich 1935 endgültig niederließ. Wie er die Stalinschen Säuberungen in der Sowjetunion nicht nur unversehrt, sondern auch unbeschädigten Glaubens und Gewissens überstand, bleibt ein Rätsel. Im Exil versuchte er eine Kampffront aller antifaschistischen Intellektuellen zusammenzubringen, doch scheiterten viele seiner Bemühungen an der Haltung des linken Flügels seiner Partei und an der sowjetischen Bündnispolitik. Becher war es aber auch, der sich in Moskau für einige der in Ungnade gefallenen Emigranten einsetzte und ihnen zur Zeit der schlimmsten Verfolgungen beistand. Schon damals wurde er zum Bewunderer Thomas Manns. Er selbst schrieb unermüdlich Gedicht um Gedicht, Lied um Lied, ohne formale Skrupel, einer vermeintlichen Klassizität zustrebend.

Sein spezifisches Thema innerhalb der kommunistischen Literatur sollte es sein, die Lehre des Marxismus-Leninismus mit einem neuen Deutschlandbild zu verknüpfen, den Internationalismus mit dem Deutsch-Vaterländischen auszusöhnen. Viele seiner Gedichte und Versepen – *Deutschland, Deutschland ruft, Der Glücksucher und die sieben Lasten, Wiedergeburt* – zeugen von einem ergriffenen Leiden an Deutschland und von tiefer Sehnsucht nach deutscher Landschaft. Nie hat Becher aufgehört, von Deutschland, Deutschtum und vom Nationalen zu sprechen. Dahinter verbarg sich natürlich die Utopie eines kommunistischen Nationalstaats vom Rhein bis an die Oder. »Deutschland-Dichtung«, ein von Johannes R. Becher gefundener und heute offiziell nicht mehr verwendeter Begriff, sollte der deutschen Landschaft eine Heimat in der sozialistischen Dichtung wiedergeben, wobei Becher an Goethes »Ilmenau«, Heines »Harzreise« und Mörikes »Besuch in Urach« anzuknüpfen gedachte. Seine Gedanken kreisten häufig um die Landschaften seiner Kindheit und Herkunft: Schwaben, Baden, Bayern, Franken. Da konnte man dann freilich auch Geschmacklosigkeiten lesen wie die folgende:

Dort wirst du, Stalin, stehn, in voller Blüte
Der Apfelbäume an dem Bodensee.
Und durch den Schwarzwald wandert seine Güte
Und winkt zu sich heran ein scheues Reh.

Das Grauenhafte dieses überlangen, zweiteiligen Stalin-Poems, das den Diktator in allen deutschen Landschaften gegenwärtig sein läßt, im Gespräch zwischen Rhein und Kölner Dom, »in allem Schönen, Guten«, im Frühlingswind, im Bergsturz, im Wasserfall, im Blätterrauschen, im ersten Buchstabieren eines Kindes, in der Dresdner Galerie (»Und alle Bilder sich vor ihm verneigen«) – das Grauenhafte und wahrhaft Erschütternde daran, es liegt in der messianischen Übersteigerung. Wie Jesus, wie Gott selbst zieht Stalin stillen Schrittes dahin: »Wir bleiben stehn und lauschen.« Mit einer solchen Hymne verschwindet einer normalerweise aus der Literaturgeschichte. Becher hat sich nicht einmal davon distanziert, obwohl er am Ende seines Lebens gewiß alle Illusionen verlor.

Er war einer der ausgeprägtesten Dichter des Stalinismus, daran ist gar kein Zweifel. Die zahlreichen Stalin, Pieck und Ulbricht gewidmeten Gedichte und die Partei-Hymnen waren der Preis für Bechers Herrschaft im kommunistischen Parnaß und machten seine Deutschland-Schwärmerei und seinen Nationalismus unverdächtig. Er wünschte sich deutsche Geschichte in einer sozialistischen National-Dichtung poetisch verklärt, die Dichtung sollte die Nation retten und dem deutschen Menschen auch in der Dichtung ein Heimatrecht erstreiten. Geschichte, nach den Methoden des historischen Materialismus interpretiert, sollte wirksam werden im Reich der Poesie. Aber die Poesie verkam dabei zur provinziellen Idylle. Die synthetisch hergestellten Mondscheinsonaten und restituierten Genre-Bilder mußten gegen die Jahrhundertmitte wie ein Anachronismus wirken. Becher bemerkte nicht, wie er mit seiner Deutschland-Dichtung und seinen fünfhundert Sonetten auf doppelte Weise ins Hintertreffen geriet: nicht nur wirkte die Form antiquiert, auch das Pathos wurde immer befremdlicher. Er sprach von immer höheren Sockeln, wurde immer feierlicher, und der Funke seiner Ideen sprang nicht mehr über. Johannes R. Becher muß das selbst in der Zeit seines größten Ruhms als ein großes Unbehagen empfunden haben. Seine nationalen Dithyramben blieben ohne jedes Echo. Es ist bezeichnend, daß er sich darüber ausgerechnet in einem Brief an Hans Carossa (aus dem Jahr 1947) geäußert hat:

Ich habe den Eindruck, um von mir zu sprechen, daß meine Bücher zwar in Tausenden und Abertausenden Exemplaren verbreitet und verkauft werden, Auflagen, wie ich sie nie erreicht habe, aber zugleich auch habe ich das Empfinden, daß sie entweder nicht gelesen oder nicht verstanden werden, bis auf wenige Ausnahmen, zu denen Sie gehören [...].

In der Sowjetunion hatte Becher den in Paris begonnenen Roman *Abschied. Einer deutschen Tragödie erster Teil* beendet, das nur wenig verschlüsselte Selbstporträt, die Geschichte seiner Loslösung vom Elternhaus und vom Bürgertum. Der Gegensatz zwischen dekadenter Bürgerlichkeit und der Welt der Sozialisten geriet ihm jedoch teilweise so schematisch, daß die Konflikte wie auf dem Seziertisch herauspräpariert erschienen. So sollte, so mußte es gewesen sein. In Stalins Reich schreibend und auf ein Leben zurückblickend, spürte er dabei wohl auch »ein dringendes Verlangen nach Selbstüberzeugung« (Sabine Brandt). Lediglich das Münchner Lokalkolorit kam einigermaßen überzeugend heraus, wohingegen noch in den eindringlichsten Kindheitsszenen, etwa beim Tod der Großmutter, sich ein Sprachverfall bemerkbar machte, der die Prosa wie Rost zerfraß: »›Jetzt muß ich das wieder von neuem abschreiben!‹ schob der Vater heftig ein neues Blatt vor sich hin [...]. ›Was ist eigentlich mit der Lebensversicherung‹, kehrte Onkel Oskar an der Tür um. [...] ›Die Blumen kommen‹, erschien Christine in der Tür [...]. ›Sehen aber gar nicht frisch aus‹, kam Tante Amelie aus dem Korridor zurück [...]. ›Eine schöne Bescherung‹, sah die Mutter verwirrt über das in Unordnung geratene Zimmer.« Oder an anderer Stelle: »›Komm, gehen wir‹, zog sich Fanny den Rock herunter.«

Als der Epiker an einer Fortsetzung von *Abschied* Anfang der fünfziger Jahre gescheitert war, ließ er die alte, durchaus bürgerliche Unterscheidung zwischen ›Dichter‹ und ›Schriftsteller‹ wieder aufleben. Der Dichter gestalte in der Poesie sich selbst, während der Schriftsteller im Roman ›nur‹ Gestalten schaffe. Den Dichter unterscheide vom Schriftsteller auch, daß in ihm das Erlebnis der Natur stärker hervortrete. Damit versuchte sich Becher von seinen vorwiegend Romane schreibenden Kollegen abzuheben.

In den letzten Kriegsmonaten hatte Becher die Pläne für eine Sozialisierung der sowjetischen Besatzungszone Deutschlands mit ausgearbeitet, und schon Anfang Juni 1945 kehrte er nach Berlin zurück. Er wurde Präsident des Kulturbundes, war Mitglied des Zentralkomitees der SED, Präsident der Akademie der Künste von 1953 bis 1956, erhielt zweimal den Nationalpreis, 1953 den Stalin-Preis, er wurde Ehrendoktor, Ehrensenator einer Universität und 1954 Minister für Kultur der DDR. Nach 1945 erschienen unter anderem: *Romane in Versen, München in meinem Gedicht, Heimkehr, Lob des Schwabenlandes, Volk im Dunkel wandelnd, Glück der Ferne leuchtend nah, Sterne unendliches Glühen, Schöne deutsche Heimat, Liebe ohne Ruh, Neue deutsche Volkslieder* – mit Ausnahme der Versromane alles Gedichtbände –, das Drama *Winterschlacht* sowie zahlreiche Bände mit Aufsätzen und Reden. Zusammen mit Hanns Eisler schuf er 1949 die Nationalhymne der DDR, die – tragisches Schicksal seiner Deutschland-Utopien – nicht mehr gesungen, sonder nur noch gespielt werden darf.

Aus dem Revolutionär war der Repräsentant geworden. Nichts erinnerte mehr an seine dichterischen Anfänge, der Expressionist blieb vorläufig ganz aus seinen Werkausgaben verbannt. Becher sprach von der »Verwirrtheit« und »Verderbtheit« seiner Jugend und meinte damit die »unmenschliche Fratze« seiner expressionistischen Dichtungen: »Meine Klugheit und Voraussicht sind zu loben, die mich meine früheren Gedichte so streng auswählen und zum Teil umarbeiten ließen.« Dieses Umarbeiten verdarb vollends, was an den frühen Gedichten wenigstens noch echt gewesen war. Die Zeit des literarischen Losschlagens wurde deutlich geschieden von der Ära des Ruhms. Es war ein Ruhm ohne Volk: exemplarischer Ausgang eines Ringens zwischen dichterischem Instinkt und Intellekt, Kreativität und Glauben. Der Sieg des sozialistischen Realismus ließ ein verwüstetes Talent zurück. Nur zuweilen machte sich ein Unterton wehmutvoller Erinnerung bemerkbar, der ehrlicher anmutete als das zu häufig besungene Glück der Ferne, leuchtend nah:

Das geht uns heute ab: die dichterische Atmosphäre. Als ich begann, wurde ich gleichsam mit hochgetragen von einer literarischen Bewegung oder Bewegtheit; Maler, Dichter, Musiker: alle zu Großem berufen, verbunden durch diese Berufung und die Not. Literatur, Kunst, so schien es, waren eine geheimnisvolle, in die Zeit hineinwirkende Macht. Wir selbst: irgendwie Närrisch-Heilige, von den Bürgern verlacht und verfemt und doch gefürchtet und anerkannt.

Das fehlte ihm nun wohl, da er in einem leeren Raum lebte, den die Sockelgröße um ihn schuf; es fehlten das Gespräch, die Kritik, das ehrliche Echo. Es gab kaum eine ernsthafte kritische Rezension zu all den Bänden, die in schneller Folge gedruckt wurden. Den Minister und Dichter der Nationalhymne hatte die offizielle Stellung längst vom Publikum isoliert und für Kritiker unantastbar gemacht, und jenseits der Grenzen des Landes nahm man ihn nicht mehr als Schriftsteller wahr. Vermißte er jetzt selbst die Reibungsflächen? Oder hielt er die hohen Auflagen tatsächlich für einen Sieg seiner klassizistischen Manier? Offenbar erhob sich in seiner Nähe nicht eine einzige Stimme, die ihn warnte.

Den meisten Gedichten der Spätzeit lag ein primitives Reimschema zugrunde. Im Gedicht »Wir, Volk der schaffenden Hände«, lauten die Reime: Ende, schwand, wende, Brände, Hände, Land. / Ende, fand, Brände, Hände, Wände, Land. / Ende, Hand, vollende, Wende, Hände, Bauernland. – Um ein metrisches Schema über die Dauer eines Sonetts oder eines längeren Strophengedichts durchzuhalten, bediente sich Becher bedenkenlos der Wiederholung: »Dir, dir verdanken wir [...]« oder der mechanischen Umkehr von Satzteilen, nur mühsam rhetorisch kaschiert: »Laß dich voll Stolz, voll Stolz laß dich bekennen [...]« Eine Art ausgeblasene Objektivität läßt die Sprache skelettiert erscheinen, sie hat ihr Körperliches verloren und geht an ihrer verkrüppelten Syntax zugrunde. In dem Sonett »Es wurde Macht« (in dem sich »Turbinen« auch auf einen »Schwarm von Bienen« reimen müssen) heißt es:

> Ein neues Mühn ist unser heilig Mühn,
> Und neue Glut ist unser Liebesglühn:
> Es ist das Werk der Schöpfung unser eigen!

> Und wenn wir abends treffen uns zum Spiel,
> Da singen wir von unserm hohen Ziel,
> Und Leben wächst und steigt – wir sind im Steigen.

In einer Kontroverse mit Friedrich Georg Jünger verteidigte Becher die kaum zu verschleiernde Mechanik seiner Versproduktion mit dem Argument, ein Dichter sei gefährdet, der sich nicht zugleich in allen Versarten und Gedichtformen geübt habe, auch in denen, die überlebt erscheinen. So rechtfertigte er nicht die Poesie, sondern sich selbst. Am schmerzlichsten beklagte er die Nichtachtung, die man seinen Romanen in Versen entgegenbrachte. Daß die Kritik sie überhaupt nicht zur Kenntnis nahm, schrieb er der Unbildung der Kritiker zu. »Es kann gar nicht anders sein, als daß in demselben Maße, in dem sich eine neue Richtung der Poesie weltanschaulich begründet und gefestigt hat, die Metrik wiederum hervortritt und gebieterisch ihr Recht fordert.« Das sollte wohl heißen, daß der neugeordneten Gesellschaft auch das metrisch geordnete Gedicht und das Vers-Epos entsprächen – eine mechanische Übertragung von Vorgängen in der Gesellschaft auf die Poetik. Niemand ging darauf ein. Keiner stimmte zu, keiner widersprach.

Die einzige öffentliche Auseinandersetzung um Johannes R. Becher gab es anläßlich seines Tagebuchs *Auf andere Art so große Hoffnung* im Jahr

1951. Die Kritik bemängelte erstmals die Vermischung des Öffentlichen mit dem Privaten. Hans Mayer stellte das Fehlen konkreter menschlicher Begegnungen fest und deutete damit an, daß in Becher eine Rückbildung des Menschlichen stattgefunden habe, die solche Begegnungen entweder verhinderte oder doch folgenlos machte. Becher gestand in seinem Tagebuch selbst ein, daß ihm die ernste kritische Hilfe bisher gefehlt habe. So machte das Tagebuch den Eindruck, als sei es mit dem Willen zur Selbstkritik geschrieben. Einmal empfand Becher beim Hören neuer, unbekannter Lieder die nicht allzu tiefe Wärme der eigenen. Aber auch seine Selbstkritik erwies sich als Strategie: Er nahm damit der Kritik den Wind aus den Segeln. Niemand hätte es wagen dürfen, sich der Selbstzweifel zu bemächtigen und sie gegen ihren Autor zu kehren. Das einzige, wozu sich die Kritik nach Erscheinen des Tagebuchs aufraffen konnte, war der im offiziösen Börsenblatt-Anzeiger *Die Buchbesprechung* vorgebrachte Zweifel, ob sich die Persönlichkeit, »die sich bei Becher oftmals in schmerzlichster Weise bis in die kleinsten Lebensäußerungen mit dem Allgemein-Gesellschaftlichen und besonders dem Nationalen zu identifizieren trachtet«, in der Sphäre des Allerprivatesten überhaupt noch darstellen lasse. Aber dieser Einwand berührte gerade den wundesten Punkt: Er verwies den Dichter auf das politische Amt, die Funktion begann den dichterischen Anspruch zu überschatten, und entsprechend ungehalten beschwerte sich Becher zwei Jahre später in der *Verteidigung der Poesie*, das Tagebuch habe »keine allzu interessante Kritik hervorgerufen«.

Becher blieb, in diesem Fall wie in anderen, der einzige Dichter dieses Jahrhunderts, der seine Kritiker in Reden, Zeitungsartikeln und Büchern öffentlich zurechtweisen durfte, ohne mit Widerspruch rechnen zu müssen. Seine Schelte war zuweilen harsch: »Solch ein bürokratischer Schnüffler hat auch mich angefallen und mir nachgewiesen, daß meine Vergleiche nicht stimmen. Es stimme eben einfach nicht, daß Lenin, der an der Kreml-Mauer auf dem Roten Platz in Moskau ruht, sich erheben könne, um sich vor Stalin zu neigen. Diese bürokratischen Schnüffler haben nur noch nicht den Mut, die Konsequenzen aus ihren Schnüffeleien zu ziehen, sonst würden sie, was auch schon geschehen ist, die Abschaffung des Vergleichs und die Nutzlosigkeit der Poesie überhaupt deklarieren.« Er bemerkte übrigens nicht die Peinlichkeit dieser Auseinandersetzung, denn es handelte sich dabei um die durch Zeilenbruch und falsche Satzstellung von »seine Stirne« unentwirrbaren Verse:

Vor Stalin neigte sich herab zum Kuß
auf seine Stirne Lenins Genius.

Noch schlimmer traf ihn der – einmal geäußerte – Vorwurf der »Vereinfachung«, den er durch das Lehrhafte und Rhetorische vieler seiner Verse provoziert hatte. Becher wehrte sich mit aller Heftigkeit, denn er glaubte inbrünstig daran, daß sich die Welt in klar überschaubare Gegensätze, in Licht und Dunkel, Gut und Schlecht, gliedern und ordnen lasse, Antinomien, die auch mit den schlichten Worten eines einfachen Gemüts zu benennen waren. Es gab nur noch eine Wahrheit: das Schöne, Erhabene – und den bösen Feind. Die Anhänglichkeit an bürgerliches Bildungsgut, an das klassische ›Erbe‹, die Treue und Verehrung, die er Thomas Mann bis zum Schluß bewahrte, die Toleranz, die ihn für den Druck von Wolfgang Koeppens *Tod in Rom* eintreten ließ – all das konnte nicht darüber hinwegtäuschen, daß sein Geschmack verfiel. So rühmte er das Soldatenmarschlied »Erika« in seiner *Poetischen Konfession* als wohlgelungene Volksweise, und in seinen Festreden kehrten alle Plattheiten der Bildungsbürger wieder, bis zum »Denn er war unser«. Die häufige, noch im Gedicht verarbeitete Zitierung des »Seid umschlungen, Millionen«, das ewige »Wer immer strebend sich bemüht«, die Neigung zum Sentimental-Heroischen, in der sich Beethoven mit Herms Niehl verschwisterte, lassen Rückschlüsse zu auf eine Verstiegenheit, die zur Realität in Dichtung und Leben querstand.

Das Traurigste war jedoch, daß der ehemalige Revolutionär die Jugend das Beharren lehrte, daß der einstige Neuerer die Nachahmung empfahl, daß er den jungen Dichtern und Künstlern das auszutreiben versuchte, was das Vorrecht junger Künstler war: sich als Genies zu fühlen. Sie sollten nachzeichnen und nachempfinden. Er, der einstige Satzzertrümmerer, der den Bürgern Wortgeröll um die Ohren schlug, der nach Hammer und Meißel geschrien hatte, um die Sprache zu härten, er ging nun in Samtfalten: »Das gute Lied läßt uns in der Reihe gehen, wir gehen einen singenden Schritt, und dann erhebt sich der Schritt, und im Lied weht die Fahne, zu der wir singend aufsteigen.«

Gewiß doch, man darf das expressionistische Frühwerk nicht einfach gegen den späten Hymniker Becher ausspielen, man kann es aber auch nicht von ihm trennen. Vielmehr ist zu fragen, ob die Metaphern der ausgeglühten Panegyrik nicht auch etwas mit den angestrengten Bildern des Expressionisten zu tun haben. Loerke schrieb über die lyrischen Ausbrüche des jungen Becher nämlich auch: »Das Blutmeer feuchtet hier nicht, keine Kloake stinkt, und die angeblich zerrissene Welt sieht heil und steif auf das schon wieder nüchterne Dichterherz.« Wie denn? Gäbe es Gemeinsames zwischen dem frühen und späten Becher? Etwa in der zerebralen Leidenschaftlichkeit, der Unterkühlung, der utopisch verblasenen Metaphorik voll rosa Licht und Engelsmusik? Fehlte nicht schon immer ein Gefühl für Melos und sprachimmanente Rhythmik, die mit Metrum nichts zu tun hat? Schrieb nicht schon der junge Becher in *De Profundis Domine* so Schimmerndes wie »ein rührend Bild«? Stand da nicht auch bereits: »Im steten Aufwärtssteigen selig sich mühend«? Es war alles vorgebildet.

Einer seiner letzten Gedichtbände hieß *Vollendung träumend, hab ich mich vollendet* nach dem gleichnamigen Gedicht, ein selbst gewählter Grabspruch:

> Vollendung träumend, hab ich mich vollendet,
> Wenn auch mein Werk nicht als vollendet endet.
> Denn das war meines Werkes heilige Sendung:
> Dienst an der Menschheit künftiger Vollendung.

Aber niemand fühlte sich von dieses Werkes heiliger Sendung so recht ergriffen, im Nacherlebnis stärkte es nicht das Selbstgefühl seiner Leser, es weckte keine Vorstellung von Größe wie noch jede Künstler- und Schriftsteller-Biographie, in der um Erfolg und Gelingen gerungen wurde, auch wenn die Schriftsteller-Lexika der DDR dem Dahingegangenen noch 1961 bescheinigten, er sei »bedeutendster Vertreter der sozialistischen dt. Nationalliteratur und größter dt. Lyriker unserer Zeit«. War der müde blickende Mann, der Redner mit den abwärts gebogenen Mundwinkeln und der eisigen Stimme, den wir zuletzt unbeweglich seine marmornen Thesen in Kongressen und Versammlungen vortragen hörten, etwa doch schon mit sich selbst zerfallen? In der *Poetischen Konfession* von 1953 beklagte er die Mißverständnisse, die der Ruhm einbringe, den Glanz, der von Nebensächlichkeiten ausgehe, die Mißachtung der poetischen Substanz: »Du bist nicht der, der dort oben steht und dem der Applaus gilt. Der ›Andere‹ in dir, der Nebensächliche, hat dich verdrängt und streicht für dich Beifall und Ruhm ein [...].« Der »Andere«, das konnte nur der Amtsinhaber sein, der dem Dichter den Rang abgelaufen hatte.

Zuletzt wurde nicht der Dichter, sondern der Minister unbequem, sein Einfluß begann 1956 zu schwinden, nachdem er sich vorübergehend für eine Liberalisierung des literarischen Lebens eingesetzt, das Erscheinen einiger westdeutscher Autoren befürwortet und Georg Lukács zu verteidigen versucht hatte, als dessen Werk der Verfemung verfiel. In einer Sitzung des Zentralkomitees der SED Anfang 1958 äußerte Johannes R. Becher: »Was ihr macht, ist ein neuer Feldzug gegen die Intelligenz!« Das *Neue Deutschland* druckte diese Äußerung mit der Rüge, die ihm das ZK-

Mitglied Froehlich erteilt hatte, ein Funktionär aus Ulbrichts junger Garde. Der schon kränkelnde Becher behielt jedoch sein Ministeramt bis zu seinem Tode am 11. Oktober 1958 – zuletzt nicht nur als Dichter, sondern auch als Politiker ohne Einfluß. Mit seinen Gedichten, sagt das Lexikon von 1961, »erhob sich B. zum repräsentativen sozialistischen Dichter unserer Nation«. Exemplarischer Fall einer verlorenen Identität? Oder nur ein irrender, einsamer Mann, über den die Geschichte hinweggehen wird?

Hugo Loetscher
Das Weiß des Papiers

Warum schreiben Sie?

Kaum ein Schriftsteller, dem nicht bei einem Gespräch oder in einem Interview diese Frage gestellt worden wäre.

Warum heilen Sie? Mit einer solchen Frage wendet man sich nicht an einen Arzt. Und einen Richter wird man nicht fragen, wozu sprechen Sie Recht. Ein Tischler hat vielleicht darüber Auskunft zu geben, weshalb ein Bein länger ist als die drei andern, aber nicht darüber, weshalb er einen Tisch herstellt. Und schon gar nicht wird man einen Sportler nach dem Warum fragen, obgleich der gesellschaftliche Nutzen des Toreschießens nicht offensichtlich ist.

Aber einer, der Dinge verfaßt wie Erzählungen und Romane, der Gedichte schreibt oder Theaterstücke, von dem möchte man wissen, weshalb er solches tut.

Sicherlich, es kann erhellend sein, wenn man von Umständen erfährt, die zum biographischen Umfeld des literarischen Schaffens gehören, auch wenn solche Auskünfte den Zugang oft mehr verstellen als erleichtern, schon deswegen, weil sie dazu verführen, das literarische Werk als Spiegelung und nicht als Kunstprodukt zu nehmen.

Und ohne Zweifel kann es aufschlußreich sein, zu vernehmen, weswegen ein Autor sich für diesen Stoff oder jenes Thema entschied, obgleich solche Auskünfte zu einer Selbstinterpretation verleiten, die sich als Nachhilfeakt dem Verdacht aussetzt, dem beizustehen, was nicht auf eigenen Beinen zu stehen vermag.

Aber die Frage nach dem Warum zielt ja nicht auf Ergänzendes und Zusätzliches. Ob in offener oder gespielter Naivität, sie ist hinterhältig wie alles, was auf Grundsätzliches aus ist, und nicht bloß dann, wenn der Fragende auf Prinzipielles ausweicht, weil er von der konkreten Einzelheit keine Ahnung hat.

Auf jeden Fall macht die Frage verlegen, und der Gefragte kommt sich vor, als sei er bei etwas ertappt worden. Nun mag über seine Verlegenheit hinweghelfen, daß aus gleichem Grund ganz andere Autoren und ganze Epochen verlegen wurden. Der Stoßseufzer von Friedrich Schiller galt nicht nur ihm und seiner Zeit: »Wozu nützt denn die ganze Erdichtung? Ich will es dir sagen, / Leser, sagst du mir, wozu die Wirklichkeit nützt?«

Die Frage und die Klage ist klassisch. Hatten nicht die alten Griechen schon, die doch so musisch waren...

Als die beiden ersten europäischen Dichter, Hesiod und Homer, in Chalkis zum Wettstreit antraten, war das Publikum von Homer begeistert, denn er war weniger langweilig. Doch die Jury entschied anders. Homer hatte Mord und Krieg besungen, Hesiod hingegen, der Preisträger, den Ackerbau, die Tagwerke und den Frieden.

Ausschlaggebend war nicht, wie einer sang, sondern was er besang.

Als Platon mindestens auf dem Papier die Welt ein für allemal in Ordnung bringen wollte, verbannte er Homer wegen seines lügnerischen Werkes aus den Schulbüchern. Ähnliches sollte in einem andern Zeitalter und in einem andern Kulturraum dem portugiesischen Nationaldichter widerfahren, da Camões in seinem Epos *Die Lusiaden* Kriegszüge feierte, die der Pädagogik abträglich schienen.

So harmlos ist die Frage nach dem Warum nicht, die Antwort jedenfalls kann Konsequenzen haben.

In einer der frühesten Poetiken, in der von Horaz, forderte der Römer von der Dichtung, sie müsse *prodesse* oder *delectare*, »nützen« oder »erfreuen«. Neunzehnhundert Jahre später hält René Wellek in seiner *Theorie der Literatur* fest: die Geschichte der Ästhetik sei durch den Gegensatz von *utile* und *dulce* geprägt, vom Widerstreit des »Nützlichen« und des »Erfreulichen«, die als These und Antithese sich durch die Jahrhunderte ziehen.

Ideal wäre demnach die Kombination, nicht ein ›Entweder-Oder‹, sondern ein ›Zugleich‹. In dem Sinne hat die französische Klassik in der Tierfabel die höchste literarische Gattung gefeiert: Hier kam die Nützlichkeit der *moralité* mit dem Erfreulichen der Tiergeschichte zusammen.

Aber demgegenüber immer wieder der Dichter, der nur dichten will. Die Auflehnung gegen »die Häresie des Didaktischen«, wie es einer der ersten Modernen genannt hat, Edgar Allen Poe, der sich in einem verzweifelten Alleingang gegen den didaktischen Puritanismus einer ganzen Gesellschaft und Epoche wehrte.

Das *prodesse*, wenn auch nicht so lateinisch-humanistisch, sondern französisch als *engagement*, hat die Literaturdiskussion der letzten Jahrzehnte in einem Ausmaß dominiert, daß schon ein Buchtitel wie der von Roland Barthes, *Lust am Text*, als Offenbarung zünden konnte, man kriegte nicht nur Lust, sondern Wollust.

Die Bestimmtheit und auch die Ungeduld, mit der das »Warum?« vorgebracht wurde, hat eine ganze Skala von Antworten ausgelöst – vom

»hier sitz' und schreib' ich, und ich kann nicht anders« bis zur engagierten welthistorischen Mission.

Als Antwort zum Beispiel böte sich an: es dränge aus einem, man könne nicht anders. Der Psychologe würde Schreibzwang konstatieren. Oder man könnte antworten, daß man sich nur dank des Schreibens am Leben erhalte.

Und wer dürfte sich schon das Verständnis versagen für einen, der nicht Täter, sondern Opfer des Schreibens ist? Und wer will etwas dagegen haben, daß einer am Leben bleiben will?

Sosehr solche Auskünfte von existentieller Not und Notwendigkeit zeugen, sie gehen den Schreibenden mehr an als den Leser. Daß einer am Leben bleiben will, ist das eine, ein anderes, daß er uns dies literarisch mitteilt und wir es ausführlich zur Kenntnis nehmen sollen.

So drängt sich eine Antwort auf, die mehr an die Empfänger-Seite denkt: man verstehe Schreiben als Therapie, der persönliche Heilungsprozeß möge so exemplarisch sein, daß er auch der Gesellschaft zur Gesundung dient.

Oder man sieht von der Person radikaler ab und abstrahiert von sich, indem man sich in den Dienst der Sache stellt, wie es die Stunde fordert. Und an Forderungen fehlt es nicht in dieser Zeit. So erklärt man das Schreiben zur Militanz, zum Aufruhr und ist auf Veränderung aus. Der Autor ist bereit, zur Stimme des Gewissens zu werden, oder er leiht seine Sprache den Sprachlosen, ob diese eine Gruppe oder ein ganzes Volk ausmachen.

Nein – an prompten Antworten fehlt es nicht, und schon gar nicht an respektablen, und die Antworten könnten variiert werden und ihre Liste verlängert.

Dabei sind wir zu einer Literatur der Absichtserklärungen gekommen. Derart, daß die Einleitungen und die Nachworte wichtiger werden, als was vorangeht oder folgt. Was im Programmheft steht, nimmt sich spannender aus, als was auf der Bühne zu sehen ist, und die Ausstellung findet nicht im Saal statt, sondern im Katalog.

Folglich auch eine Kunst der Konzepte und damit auch eine Antwort, die sich mit dem einen Prozent der Inspiration bescheidet und nichts von den neunundneunzig Prozent Transpiration wissen will.

Mag der gute Wille in großen Dingen genügen, wie der Volksmund meint, in den kleinen Dingen wie in der Literatur, wo es darauf ankommt, genügt er nun einmal nicht, und die Banalität der Feststellung nimmt ihr keineswegs die Aktualität.

Jedenfalls haben wir ein weiteres Kapitel jener Literatur beigefügt, die sich schon immer mit edlen Absichten zu rechtfertigen suchte. Den Kitsch, der im Namen des lieben Gottes und des Vaterlandes verfaßt wurde, haben wir um den erweitert, der im Namen der politischen Verantwortung und des sozialen Engagements entstand. So wenig der religiöse und der patriotische Kitsch von einst als Argument gegen Gott oder Vaterland taugte, so wenig sagt auch der moderne Kitsch aus gegen die Dringlichkeit und den Ernst der angegangenen Probleme.

Und wir haben andererseits erfahren, wie die Autoren ihre eignen Absichten überrunden. Wenn wir *Anne Bäbi Jowäger* lesen, dann nicht als Beitrag im Kampf gegen die Quacksalberei, wie Jeremias Gotthelf seinen Roman verstand, sondern wir erleben in Anne Bäbi Jowäger eine große Frauenfigur. So hat auch Mutter Courage immer ein reicheres und anderes Leben geführt, als ihr von ihrem Autor Bert Brecht zugedacht worden war.

Eine Literatur der Absichtserklärungen favorisierte unvermeidlich eine Ästhetik der Entschuldigungen, und man ist psychologisch ausreichend geschult, um nicht die mildernden Umstände von vornherein miteinzubringen, und anderseits ist noch immer mit der Schützenhilfe der Gleichgesinnten zu rechnen, obwohl ihre Nachsicht tödlich sein kann.

Die Vorweg-Entschuldigung kann sich schon so äußern: man wolle gar nicht Literatur machen, die Angst der ›Literaten‹, auf Literatur behaftet zu werden, einmal mehr variierend, man wolle »lediglich«, man wolle zum Beispiel lediglich das Bewußtsein erweitern. So bescheiden sich diese Absicht ausnehmen mag, sie kann zur Arroganz werden, wenn mit ihr demonstriert werden soll, man gehöre eben nicht zu jenen Ambitiösen, denen es, wie vermessen, um Literatur gehe.

Aber was immer als mögliche Antwort auf die Frage nach dem Warum vorgebracht wird, man schiebt das Warum nur beiseite:

Wenn es sich nur darum handelt, den Leser für ein Problem zu sensibilisieren: weswegen ein Roman und nicht ein Rapport und warum eine Erzählung und nicht eine Analyse? Weswegen quält sich einer mit dem Rhythmus im Vers ab statt mit Statistik? Und weswegen die Bühne und nicht direkt die Kanzel?

Nun ist das klassische Gattungsgefüge nicht zuletzt wegen des Warum durcheinandergeraten. Die Ausschließlichkeit der Dreifaltigkeit von Lyrik, Epik und Dramatik entsprach noch nie – und je länger, je weniger – dem, was als schöpferisches Schreiben denkbar ist. Im deutschen Kulturraum gehörte die Rede oder der Essay nie so selbstverständlich zur Literatur wie im romanischen oder angelsächsischen Bereich; ein schlechter

Gedichtband hatte immer die größere Chance, zur Literatur gezählt zu werden, als die Predigt, der Brief oder die Autobiographie.

Die Karriere des Romans ist ein Beispiel dafür, wie sich Literatur gegen die Hierarchie der Gattungen zu wehren hatte. Er begann als mindere, wenn nicht gar anrüchige Gattung, mußte sich zunächst als »Heldenepos in Prosa« präsentieren, um endlich »mögliche Menschen in einer wirklichen Welt« (Gottsched) darstellen zu dürfen und um vorläufig zu der offenen Form zu werden, wie sie unsrer Zeit zu entsprechen scheint.

Sollte die Antwort gar so lauten: Man entscheide sich für eine literarische Form, weil sie eingänglicher sei, man benutze sie für den Transport von Ideen, sie stelle eine Verpackung dar, eine Abart jener Pädagogik, die dem andern die Sache spielerisch beibringt, Literatur als die ältere Schwester der Werbung, im Dienst der heimlichen Verführung?

Selbst wenn man solche Gedanken pflegt und solche Hintergedanken hegt, was dabei geschaffen wird, nimmt sich recht unterschiedlich aus. *Die Mutter* von Maxim Gorki ist nicht schon deswegen ein bedeutender Roman, weil es um eine kommunistische Mutter geht; es treten in der zeitgenössischen russischen Literatur genug andere Mütter auf, die einen nicht interessieren, obwohl auch sie sozialistisch sind.

Die Frage nach dem Warum ist also selbst dann nicht beantwortet, wenn man mit einem eindeutigen Warum repliziert. Die Frage führt zu einer nächsten: Was macht ein literarisches Werk zu Literatur? Oder wie die Linguisten formulieren: Wann ist eine sprachliche Nachricht Literatur?

Müßte die Frage nach dem Warum nicht besser vom Leser selbst als vom Schreibenden beantwortet werden, von dem, den man auch den Konsumenten oder den Rezipienten nennt? Schließlich hat doch die Ästhetik ihr Interesse geändert. Ist nicht an die Stelle der Wirkungs- und Produktions-Ästhetik die Rezeptions-Ästhetik getreten?

Oder käme man der Frage nach dem Warum nicht besser zuvor, wenn man darauf hinweisen könnte, daß man das Schreiben selber zum Thema gemacht hat? Dies nicht einfach in Ermangelung von Themen, sondern weil die Sprache als Material sich selber zum Problem geworden ist – Schreiben längst nicht mehr als bloßes Benutzen von Sprache, sondern als ein Nachdenken über sie.

Allerdings möchte man nicht einfach Literatur über Literatur verfassen, die, wenn möglich, gar jene Literatur ablöst, die nach wie vor im Fiktionalen ihren Sinn sieht. Es ginge noch immer um Erfundenes, auch wenn sich das Erzählen anders ausnimmt, wenn es das Reflektieren über das Erzählen in die Darstellung miteinbezieht.

Und demnach könnte man antworten, da Sprache eine Grundlage der Kommunikation sei und somit der zwischenmenschlichen Beziehungen, spiegle sie schon immer gesellschaftliche Verhältnisse, daher sei Sprachkritik auch schon immer Gesellschaftskritik.

Ja, böte sich damit nicht auch eine neue Form der Auseinandersetzung an? Eine Negativform des Engagements, nämlich die große Verweigerung, ein Schreiben, das dem Lesenden bewußtmacht, daß Sprache nichts Vorgegebenes ist und daß es ihr gegenüber eine Skepsis zu entwikkeln gilt und daß nichts so gefährlich ist wie die rasche Verständigung, so daß zur Verweigerung das Vermeiden von allem Gängigen kommt. Dies bis zum Risiko, daß Unlesbarkeit Rang bedeutet?

Nein – einmal mehr fehlt es an Antworten nicht. So viele aber vorgebracht werden, die Auflistung nimmt sich aus, als schaue man sich nach denkbaren Antworten um, um keine eigne geben zu müssen.

Aber was soll überhaupt dieses Warum? Wozu dieses ewige Wozu? Diese unentwegte Frage nach dem Grund mit ihrem ungebrochenen Glauben an Kausalität? Als ob es nicht ohne Motivation gehe. Ist dieses Bedürfnis nach Motivierung nicht einfach ein Sekuritätsbedürfnis? Eine Absicherung? Kann dieses Warum nicht viel mehr lähmen, als daß es klärt? Wir werden ja auch nicht zuerst gefragt, warum wir leben. Und tun es auch, wenn uns dazu keine befriedigende Antwort einfällt. Oder sollte sich jedes Warum immer erst hinterher einstellen? Und entpuppt es sich damit nicht als Rechtfertigung, die sich die Sache zurecht-stilisiert und zurecht-ideologisiert?

Was aber, wenn einen die Frage nach dem Warum nicht deswegen verlegen macht, weil sie ein anderer stellt, sondern weil der Schreibende sie selber an sich richtet? Nicht weil er von sich eine Erklärung erwartet dafür, was er bezweckt, was er im Sinne hat oder im Schilde führt, sondern wenn er sich fragt, weshalb er sich, und dies immer wieder, an einen Tisch setzt und zu schreiben anfängt und etwas hervorzubringen beabsichtigt, das nun einmal mit Literatur in Verbindung gebracht wird.

Wie schön, wenn es da eine Kirche gäbe, ob eine religiöse oder eine politische. Kirchen nicht nur mit Parteibeschlüssen, sondern auch mit Konzilien, mit Gnadenorten und Seitenaltären. Und wenn keine Großkirchen, dann wenigstens eine Kapelle, und sei es nur eine, in der als Heilige Schrift ein Manifest verlesen wird.

Was aber, wenn einem nichts Derartiges zur Verfügung steht und zu Hilfe kommt? Oder einem das, was sich an Credos anbietet, nicht ausreicht, um sich absegnen zu lassen? Wenn es keine Instanz gibt, mit der man die Verantwortung teilen oder die sie einem sogar abnehmen könnte?

Nicht, daß es einem an Überzeugungen fehlen würde. Oder daß man blind wäre für all das, was nach Protest und Verbesserung schreit, und auch nicht, daß man sich zurückziehen und verstecken möchte.

O nein, man könnte auf solche Bedenken replizieren, man habe nicht umsonst als Journalist gearbeitet, und dies nicht bloß aus Gründen des Brotberufs. Die journalistische Arbeit als Möglichkeit, Zeitgenossenschaft zu bekunden? Oder zur Beruhigung des schlechten Gewissens? Ein moralisches Soll erfüllen, um sich dafür ein ästhetisches Dürfen einzuhandeln?

Denn alle Überzeugungen helfen einem nicht weiter bei dem Entscheid, sich an den Tisch zu setzen und etwas zu schreiben, das mit Literatur zu tun hat. Nicht daß die Verantwortung aufhörte, sondern es fängt eine andere Art Verantwortung an.

Wie schön, wenn es doch so etwas wie ›notwendige Bücher‹ gäbe. Aber stellt sich dieser Begriff nicht immer dann ein, wenn man ein Buch nicht literarisch beurteilen mag oder einem ein solches Urteil Mühe bereitet?

Was also, wenn einer nicht überzeugt sein kann, er verfasse ein ›notwendiges Buch‹, und schreibt dennoch eines? Eines, von dem er nicht anzunehmen wagt, daß es erwartet wird und somit eine Nachfrage befriedigt. Was, wenn er etwas macht, das ungefragt ist, dies weiß und es dennoch tut?

Statt daß er eine Antwort auf das Warum bereit hätte, könnte er wenigstens von einer Erfahrung reden, nämlich von jener, sich an einen Tisch zu setzen und ein weißes Blatt einzuspannen.

Es wäre eine Mitteilung, die zunächst einmal von Einsamkeit handelt. Da diese Einsamkeit freiwillig gewählt wird, ist keine Klage erlaubt, oder höchstens die, die sich gegen ihn selber richtet, was die Heftigkeit nicht ausschließt; soweit sich bei diesem einsamen Geschäft Verzweiflung einstellt, ist es eine, für die der Verzweifelnde selber verantwortlich ist.

Harmlos nimmt sich das Weiß des Papiers aus; es ist eine Verlockung, der er erliegt, er bringt das Weiß um seine Unschuld, indem er das Papier beschreibt, und sei es auch nur, um hinterher das Blatt zu zerknüllen.

Doch so wehrlos dieses Papier sich gibt, es ist eine Bedrohung, denn es signalisiert jenes Nichts, aus dem etwas entstehen und geschaffen werden soll, eine hauchdünne Papierwand, die einen von der totalen Leere trennt.

Sicher, es ist nicht das chaotische Nichts, aus dem ein Liebgott einst die Welt schuf, und somit eine *creatio ex nihilo* möglich machte, sondern das Weiß steht für ein Nichts, das der Schreibende nicht nur gewählt, sondern hergestellt hat, es ist die Farbe der Negation, die unerläßlich ist, damit etwas Neues entsteht.

Und insofern findet ein Befreiungsakt statt, der alles bisher Geschriebene beiseite schiebt oder hinter sich läßt. Mit dieser Emanzipation erlangt der Schreibende Unabhängigkeit, aber es ist eine, von der er auf Gedeih und Verderben abhängt.

Und dieses Ausgeliefertsein ist Aufbruch und damit Abenteuer und Risiko.

Insofern hat das Schreiben auch mit Mut zu tun, nicht einfach mit dem Mut, zu einer Überzeugung zu stehen, sondern mit dem Mut, etwas zu schaffen, für das es vorerst keine andere Rechtfertigung gibt als die, daß etwas geschaffen werden soll. Und demnach enthält dieser Mut auch den Kleinmut wie die Großmut und alle Vermessenheit des Hochmuts.

Diese Erfahrungen treffen zu, wenn für den Schreibenden die Überzeugung gilt, daß mit jedem literarischen Werk die Literatur neu erfunden wird.

Wie der, welcher liebt, sich so verhält, als sei er der erste und einzige, als hätte es vor ihm noch keinen gegeben, der geliebt hat, und der nun liebt, um einer ganzen Welt zu zeigen, was lieben heißt.

So radikal der Einsatz sein mag und so kompromißlos die Ausrichtung, die Erfindung, an die sich der Schreibende macht, kann immer nur eine des ›Noch einmal‹ sein. Die neue Möglichkeit von Literatur, die er sich anschickt zu entdecken, ist neben den genutzten eine bisher noch nicht genutzte.

Zwar setzt er die Einbildungskraft ein, um Eigenes zu erfinden, aber die Phantasie macht ihre Entdeckungen wiederum nur an Hand von Vorgegebenem; denn der Schreibende steht in einer Tradition, auch wenn er diese verwirft, und er steht in seiner Zeit, wie fremd sie ihm auch vorkommen mag. Das Bisherige und Gegenwärtige spielen mit, und sei es nur, daß sie einen negativen Horizont abzeichnen.

Denn der, der das weiße Papier zu seinem unbebauten aber bebaubaren Terrain erklärt, errichtet ein Werk aus Sprache, und diese teilt er von vornherein mit andern, auch wenn die Herausforderung gilt, daß er in dem Maße, wie er die Literatur noch einmal erfindet, auch die Sprache noch einmal erfinden muß.

Das ist ein subversiver Akt, denn er bedeutet, daß das Bisherige und damit das Etablierte in Frage gestellt wird.

Das Weiß des Papiers ist also auch eine Sprachlosigkeit, die sich nach dem Verstummen einstellt und in der alles bisher Gesagte zum Schweigen gebracht worden ist, und zugleich die Voraussetzung dafür, daß eine eigene Sprache sich zu Wort melden kann.

Und insofern ist das Weiß des Papiers Bodenlosigkeit. Der Schreibende hat sich selber um den Boden gebracht, den jede Sprache trotz ihres defizitären Charakters bietet. Indem er sich aber ans Schreiben macht, erschreibt er sich den Boden; mit dem ersten Satz macht er den ersten Schritt, aber es ist ein Schritt, der zugleich den Boden erfindet, wo ein Fuß aufsetzen kann.

Indem er diesen Boden erschafft, arbeitet er sich aus der Einsamkeit heraus; er schreibt sich aus ihr weg, denn indem er Sprache benutzt, setzt er bereits einen anderen voraus, an den diese Sprache sich richten könnte.

Denn in dem Maße und in der Weise, wie er die Literatur noch einmal erfindet und die Sprache noch einmal erschafft, erfindet er auch eine neue Möglichkeit der Begegnung – es gibt ja nicht nur eine Geschichte des Schreibens, sondern auch eine des Lesens.

Nicht daß der Schreibende an dieses oder jenes Publikum denken müßte oder sich auf ein solches ausrichten würde; er rechnet nicht mit einem Gegenüber, sondern muß sich dieses Gegenüber erschaffen, das man Leser nennt.

So erweist sich die radikale Einsamkeit des Schreibens zugleich als ein schöpferischer Akt der Kommunikation, als *creatio* dessen, daß es überhaupt so etwas wie ein Gegenüber gibt.

Sosehr es vom Schreibenden abhängt, daß er sich mit Sprache einen Boden unter den Füßen er-schreibt, es ist der andere, der darüber entscheidet, ob dieser Boden tragfähig ist.

Wie kann da dennoch ein Warum verlegen machen?

Kuno Raeber
Meine Geschichte mit der Kirche

Als ich jüngst nach langer Zeit wieder einmal in der Bibel las, im Alten Testament, und zwar in einer von der lutherischen abgeleiteten neuen Übersetzung, stieß ich im Buch Daniel auf die Geschichte von den drei Jünglingen im Feuerofen: Sidrach, Misach und Abdenago hießen sie, das war mir seit jeher bekannt, doch hier hatten sie krause, sonderbar entstellte Namen: Schedrach, Meschach und Abad-Nego, oder so ähnlich. Jedenfalls erinnerte der Klang nur von fern an denjenigen, der mich in meiner Kindheit an jedem Karfreitag, wenn der Diakon in der Kirche die Geschichte als eine der zwölf Lesungen sang, so berührt hatte. Ich kann die Melodie noch heute jeden Augenblick in mein inneres Ohr heraufrufen, und damit die ganze Geschichte als ein Lied, ein Epos voller pathetischer Begebenheiten und Figuren. Außer den drei Jünglingen erscheint da auch der König von Babylon, Nabuchodonosor Rex, der in der Fassung, die mir eben vorlag, zu Nebukadnezar verharmlost wurde. Ich klappte das Buch unwirsch zu und holte mir das Missale Romanum hervor, schlug die Karfreitagsliturgie auf und fand da in der Vulgata-Fassung des Textes, der eigentlichen, der Urfassung für mich wie für jeden vor dem Zweiten Vatikanischen Konzil aufgewachsenen Katholiken, ganz so, wie es sich gehörte, Sidrach, Misach und Abdenago wieder mitsamt dem großen und bösen und grausamen König Nabuchodonosor. Über diesen mich moralisch zu entrüsten wäre mir jedoch nie eingefallen, obwohl er die drei Jünglinge ins Feuer werfen ließ. Dafür, daß ihnen dabei nichts passierte, sorgte der Herr: Er ließ sie im Feuer wie in einem kühlen Garten wandeln. Wenn aber der ebenso große wie böse König Nabuchodonosor nicht gewesen wäre, hätte der Herr keine Gelegenheit gehabt für seine Rettungsaktion, die ganze Geschichte hätte nicht stattfinden können. Es hatte also mit allem irgendwo seine Richtigkeit. Während ich mir gar nicht so sicher bin, ob dem auch so gewesen wäre, wenn ich als Kind nur in einem Buch von Nebukadnezar, Schedrach, Medrach und Abad-Nego gelesen hätte und mir nicht Sidrach, Misach, Abdenago und Nabuchodonosor aus dem Goldgrund der römischen Karfreitagsliturgie, aus der unwandelbaren Harmonie des gregorianischen Gesangs heraus Jahr für Jahr entgegengetreten und auf mich zugekommen wären. Dann sähe ich alles anders, das Ganze wäre eine Buchgeschichte geworden, eine erbauliche

Fabel, ein Lehrstück für mich, während es so, vor dem Goldgrund und als Strophe eines monotonen Gesangs, zum Weltgedicht wurde: So war es, so ist es, so wird es immer sein. Ich bestreite nicht, daß eine ganz bestimmte Disposition und Charakteranlage vorhanden sein mußten, um einer derart harmonistischen, ästhetischen Weltvorstellung Raum zu geben in mir. Doch der Katholizismus trat hinzu, damit sich diese Vorstellung voll entwickeln, ausprägen, mich ganz durchdringen konnte. Gott, der oben am Himmel auf einer leuchtenden Wolke saß und, wie auf Bildern von 1500, Strahlen aussandte, die unten auf der Erde, wenn auch gebrochen, anlangten und die Bergspitzen, die Wipfel der Bäume beglänzten: das war für mich die Essenz des katholischen Glaubens, dem ich mich zugehörig, in dem ich mich aufgehoben und zu Hause fühlte. Doch gab es auch die andere Seite der Sache, die mit der Zeit immer mehr ins Zentrum meines Bewußtseins, meiner Aufmerksamkeit rückte, jene andere Seite des Katholizismus, seine Nachthälfte gleichsam, die ich die im engeren Sinn christliche nenne.

Im Gegensatz zur ästhetisch-mythischen ist diese Seite moralisch-dogmatisch, weder pantheistisch noch polytheistisch, sondern, wenn auch monotheistisch kaschiert, eigentlich dualistisch. Sosehr mich jener Aspekt anzog, so sehr beängstigte mich dieser und stieß mich ab, war er mir, sobald ich ihn wahrzunehmen begann, zutiefst widerwärtig. Es gab den Katholizismus, den ich liebte, und das Christentum, das ich haßte. Die Spaltung der ursprünglichen Einheit wurde immer schroffer, quälte mich immer mehr. Und das konnte auf die Dauer nicht gutgehen in einem Milieu, wo man dem Gewissen, seiner Pflege und Differenzierung große Bedeutung beimaß, aber von Sigmund Freud nicht einmal den Namen kannte. Dieses Milieu meiner Herkunft war halb jansenistisch. Voller Mißtrauen schaute man von da auf den sogenannten Kulturkatholizismus, wie er sich in den großen Zentren des katholischen Mitteleuropa, in Wien, München und Prag etabliert hatte. Ohne mit der Tradition förmlich zu brechen, hatte man sich hier die Erkenntnisse und Haltungen der westeuropäischen Aufklärung weithin angeeignet, die Anregungen der auf protestantischem Boden erwachsenen klassisch-romantischen Geisteskultur aufgenommen und verarbeitet. Das war ein Hauptgrund, warum mich Figuren wie Hofmannsthal, Musil, Rilke, Stifter so sehr beschäftigten, ihre Person nicht weniger als ihr Werk: Wie erreicht man solche Freiheit dem Herkommen gegenüber, ebenso weit entfernt von dumpfer Verfallenheit wie von kleinlichem Ressentiment? Als das größte Beispiel für diese Balance erschien mir immer mehr Mozart.

Aber Luzern mit seinem Ghetto-Katholizismus war weder Wien noch

München. Gottvater auf seiner Wolke, der mit seinen Strahlen die Ätherhülle durchdrang und unten auf der Erde die am Rosenhag kniende Jungfrau berührte, indem er sich als Verstärker und Linse der weißen Taube bediente; die Scharen der Heiligen und der Engel, vertraut und geliebt als täglicher, stündlicher Umgang: mählich wurden sie alle durch den gestrengen Herrn Jesus Christus verdrängt. Gegen meine Neigung und gegen meinen Geschmack. Doch mit der Zunahme an Wissen und Unterscheidungsvermögen konnte ich mir nicht länger verhehlen, daß das, was ich an der Kirche geliebt hatte, sekundär war, nicht zu ihrem Wesen gehörte, insofern die katholische Kirche immer noch eine Form des Christentums war. All das, was ich geliebt hatte an ihr, waren Reste aus früheren Zeiten, Spolien, Relikte, übriggeblieben von älteren Kulten und eingefügt in das neue Gebäude. Es waren Zutaten, Fremdkörper in der reinen evangelischen Lehre. Das Christentum war die Botschaft des Evangeliums, und diese stand letztlich in ihrem Wesen dem von mir geliebten, mir gemäßen Mythos entgegen. Luther, die Protestanten hatten recht, sie waren die eigentlichen Christen. Ich hätte also konsequenterweise protestantisch werden müssen. Das aber war mir unmöglich. Das Christentum, wie es mir nunmehr erschien, die Lehre von Sünde und Gnade, vom ewigen Leben und vom ewigen Tod, war mir in hohem Maße suspekt, war mir zuwider. An der Kirche zog mich all das an, was eben nicht christlich war. Ich liebte sie nur, fühlte mich ihr nur zugehörig, weil sie das Christliche mit dem Heidnischen, den Glauben mit dem Mythos versetzte. Diesen konnte ich wohl akzeptieren, jenen von einem gewissen Zeitpunkt an nicht mehr.

Damals, zu Beginn meiner Basler Studienzeit, geriet ich in den Kreis, dessen Mittelpunkt das Haus »Auf Burg« am Münsterplatz war, wo man die Ideen des französischen *Renouveau catholique* mit der Theologie Karl Barths und den Lehren der mittelalterlichen und barocken christlichen Mystik zu einer Art Seelendroge verschmolz. Die Süchtigen bildeten eine verschworene Gemeinschaft und entwickelten eine hochartifizielle Technik zur Übertünchung und Verdrängung ihrer persönlichen Probleme. In diesem neuen Port-Royal erfuhr ich, daß Gott dadurch, daß er sich mir verbarg, zeigte, daß er mich auserwählt hatte, daß gerade der Umstand, daß ich nicht glaubte, der Beweis dafür war, daß ich eigentlich glaubte. Ich beschloß, eine Wette mit mir selbst einzugehen und Gott gleichsam herauszufordern, daß er mir den Glauben zurückgab. Am 3. Januar 1945 trat ich in Balzers in Liechtenstein in das Noviziat des Jesuitenordens ein und verfiel, hin- und hergerissen zwischen Wille zum Glauben und wachsender Entfernung davon, zwischen Hingabe und Flucht, in eine immer tiefere Verfinsterung, die auch nach meinem Austritt aus dem Noviziat im Februar 1945, nach meiner Verstoßung daraus – ich weiß heute noch nicht, ob es am Ende mehr das eine war oder das andere – noch zwei Jahre anhielt.

Aber das war nur die letzte Zuspitzung der Krise am Ende einer langen Übergangsphase, von meinem sechzehnten bis zu meinem dreiundzwanzigsten Jahr, in der mir der Glaube an die kirchlichen Dogmen allmählich abhanden kam, verblaßte und abstarb. Das äußerte sich zuerst in rationaler Kritik im Stil der Aufklärung. Mein Verstand konnte die Mythen nicht mehr für wahr halten, er akzeptierte sie als historische Ereignisse nicht mehr. Anderseits gab es im offiziellen Katholizismus keinen Platz für das Mythische als eine für die Auffassung der christlichen Lehrinhalte legitime Kategorie. Und das zu überspielen, mir die Meinung der Hierarchie egal sein zu lassen und mich nach eigener Einsicht und eigenem Gutdünken im ererbten Gehäuse einzurichten, dazu fehlte mir die Lässigkeit, dazu war ich zu ernsthaft, zu pedantisch. Ich fühlte mich vor ein Entweder-Oder gestellt, das ich, wie alle Entscheidungen, haßte, aber um das ich, wenn ich es auch immer wieder hinausschob, am Ende doch nicht herumkam. Von Anfang an war mir bewußt, daß die Möglichkeit, aus dem von meiner Person unabhängigen Ganzen, das die kirchliche Lehre darstellte, das mir Passende herauszuziehen und es diesem Ganzen zu substituieren, für mich nicht existierte. Ich kam nie auf den Gedanken, dem Papst und der römischen Kurie das Recht zu bestreiten, daß sie bestimmten, was katholisch war. Das Problem war das Christentum, das mir immer fremder wurde, in immer größere Ferne entrückte. Das Gehäuse aber, das es im Lauf der Geschichte aus sich heraus und um sich herum gebildet hatte, erschien mir kohärent und durchaus überzeugend. Ich hatte gegen die Institution der Kirche, gegen die päpstliche Monarchie und Unfehlbarkeit nichts einzuwenden, außer daß ich mich ihr persönlich nicht unterwerfen konnte.

Seit dem Ende des konfessionellen Zeitalters hat die Kirche ihren Charakter als allumfassende, verbindliche, imperiale Anstalt verloren, sie kehrte, halb freiwillig, halb gezwungen, in ihren vorkonstantinischen Zustand zurück. Ich hatte, anders als beim Staat, ihr gegenüber die Wahl und konnte sie, bei aller Achtung für ihre historische Bedeutung, verlassen, ich konnte, ohne weiteren Schaden anzurichten, auf eigene Gefahr hin neben sie treten. So jedenfalls sehe ich die Position, die ich seit meinem dreiundzwanzigsten Jahr etwa einnahm, bis ich dann relativ spät, Ende 1970, in einer jener Lebenskrisen, denen man durch radikale Entscheidungen und spektakuläre Schritte zu entrinnen sucht, auch formell aus der Kirche austrat. Das mag tatsächlich eine reinigende, eine klärende Wirkung gehabt haben. Schon allein dadurch, daß mir seither noch mehr als zuvor bewußt ist, wie sehr ich von Prägungen, die durch Willensentschlüsse und Verstandeseinsichten nicht verwischt werden können, bestimmt bin. Fand doch der Kirchenaustritt eben in der Periode statt, in der ich an *Alexius unter der Treppe* arbeitete, einem Buch, das meine Grund- und Leitbilder annähernd vollzählig versammelte. Man kann die Prägung, die Vorentscheidung allenfalls modifizieren. Das tat ich, indem ich neben die Kirche hinaustrat.

Aber es scheint mir nötig, noch etwas hinzusehen, noch tiefer zu bohren. Ich liebte die Kirche, und heute noch bewundere ich sie als große Gestalt, als mächtige Formation. Doch Liebe und Bewunderung hindern mich nicht, die Kirche zu hassen. Wie sie einen Teil meines Wesens anzieht und bezaubert, stößt sie einen anderen ab, reizt ihn zum Widerstand auf, zu erbitterter Abwehr. Die Spaltung meiner Reaktionen, welche die Kirche mir aufzwang, riß mit der Zeit mein ganzes Wesen von oben bis unten entzwei. Diese Spaltung, letztlich unheilbar, ist es, die ich ihr vorwerfe und niemals verzeihen werde. Dadurch, daß sie meine Seele meinem Körper entgegenstellte, mein Fleisch zum Feind meines Geistes erklärte und mich zwingen wollte, zwischen zwei Dingen zu wählen, die ich durchaus nicht als gegensätzlich, als einander ausschließend begreifen wollte, entfremdete sie mich sich vollends. Statt zwischen dem einen Teil und dem anderen Teil meiner selbst, wie sie mir vorschlug, zu wählen, wählte ich mich selbst als Ganzes und entschied mich gegen die Kirche. Ich stieß sie aus, um mich selbst behalten zu können. Diese Wahl und Entscheidung, falls es denn eine war, erfolgte freilich in einem langwierigen Prozeß, ging im Zeitlupentempo vonstatten. Ich glaube heute, daß es mir gelang, mich zu retten, den Kern meines Ich zu erhalten oder, genauer wohl, es durch die Trennung von der Kirche erst zu gewinnen. Doch bezahlte ich einen Preis: Ich verlor Haus und Heimat, was beides die Kirche für mich bedeutete. Und so muß ich das Gesagte auch gleich wieder zurücknehmen oder wenigstens einschränken. Auch die Kirche war ein Teil von mir, den ich aufgab, um einen anderen, für mich wichtigeren Teil erst recht zu gewinnen. Ich verlor den Himmel und gewann, mit meinem Körper, die Erde. Das ist vielleicht die wichtigste Erfahrung in diesem Zusammenhang, daß ich erst nach der innerlichen Trennung von der Kirche in meinem dreiundzwanzigsten Jahr langsam zu meinem Ich erwachte und in einem Prozeß, der nochmals viele Jahre dauerte, fähig wurde, mich als psychophysische Einheit zu empfinden und anzunehmen.

Exkurs über das Sexverbot: Es war die strengste Regel, das härteste Gesetz, das die Vertreter der Kirche unnachsichtig und uneinsichtig mir gegenüber verfochten. Ich hatte drei Beichtväter nacheinander, das heißt, es gab drei Priester, denen ich, der Übung in meiner Familie gemäß, meine Gewissensnöte anvertraute, in der Hoffnung, sie würden mich davon erlösen. Der erste war ein Vikar ländlicher Herkunft, Jugendseelsorger, einfühlsam, tolerant, all das, was man damals modern und zeitaufgeschlossen nannte. Der zweite kam aus einer bürgerlichen Großstadtfamilie und war Religionslehrer an höheren Schulen. Der dritte war Theologe, Philosoph, ein bedeutender Autor, Kenner der Literatur, Vermittler der geistigen Überlieferung Europas, dem ich unendlich viel für meine intellektuelle Entwicklung verdanke. Alle drei, so verschieden sie waren, lehnten praktisch jede Form sexueller Betätigung ab, mit einer schneidenden und kompromißlosen Schroffheit, über die ich mich, je weiter sich jene Periode entfernt, desto mehr wundere. Bei aller Sympathie für mich zeigten sie in diesem Punkt nicht eine Spur von Flexibilität.

Sie verfuhren mit mir, wie Klemens der Siebte mit Heinrich dem Achten verfuhr, als er sein Prinzip zwar für einmal rettete, aber England für immer verlor. Heute frage ich mich, warum das so war, warum drei so verschiedene Individuen in einer bestimmten, sich immer wiederholenden Situation bis auf den Gesichtsausdruck, bis auf die Wortwahl gleich reagierten. Die Antwort kann, so sehe ich es heute, nur lauten: alle drei waren, was die Sexualität betraf, keine entwickelten, autonomen Individuen, sondern Funktionäre, die in Auftrag handelten und gegenüber dem Beichtenden, man nannte das Beichtkind, eine allgemeine, abstrakte Regel vertraten, ohne Rücksicht auf seine seelischen Leiden, die zu lindern sie doch eigentlich berufen gewesen wären. Als Funktionäre zeigten sie sich auch darin, daß sie, ähnlich wie die Psychotherapeuten, die ich später kennenlernte, von sich selbst nichts mitteilten und durch diese Verschweigungslüge mich in der Täuschung bestärkten, ich sei weit und breit der einzige, der Probleme habe mit seiner Sexualität. Geschweige, daß sie mich ermutigt hätten, mit Freunden, mit Altersgenossen Erfahrungen auszutauschen. So bin ich heute versucht, Wilhelm Reich beizupflichten in der Annahme, sie hätten mich isolieren und damit erst recht gefügig machen wollen. Wobei ich gern einräume, daß die Seelsorger, denen ich begegnete, die Kirche nur beschränkt repräsentierten. Dennoch glaube ich, was ich erlebte, war für das System, wie es sich den Gläubigen damals darstellte, bezeichnend.

Damit ich, gewissermaßen wenigstens, erwachsen wurde, endlich zu meiner Realität fand, mußte zur Distanzierung von der Kirche allerdings noch etwas anderes kommen: das Erlebnis des Südens. Auch dies ist nichts Neues. Der Süden, der für die Bewohner der Länder nördlich der Alpen Mittelmeer heißt, war für mich, wie für viele andere vor mir, als ich ihn mit vierundzwanzig Jahren zum ersten Mal sah, eine Offenbarung. Ich betrat Rom, und der Schleier zerriß, ein Strahl fiel herein und blendete mich für einen Moment. Denn auch diese Erfahrung, die Verwandlung durch die Begegnung mit dem Mittelmeer, ging in Etappen vor sich, erst in den Vierzigerjahren meines Lebens war ich so weit, mich ganz durchdringen zu lassen davon, mich dem mediterranen Lebensgefühl für eine Zeit ganz hinzugeben. Und ich fragte mich, warum gerade Italien, dieses katholische Land, dazu angetan war, indem es meine sinnliche Erlebnisfähigkeit erst eigentlich weckte, mich in meiner relativen Unabhängigkeit von der Kirche zu bestärken. Bei den Menschen, die ich dort kennenlernte, hatte der katholische Glaube ein anderes Substrat als bei mir, er wirkte sich darum auch anders aus auf sie. Es war da Älteres noch lebendig und wirksam, worauf die Kirche nur obenauf schwamm. Man brauchte ihre Macht über die Seelen viel weniger zu fürchten als bei uns. In Italien war die Kirche noch Imperium, noch Repräsentation der allgemeinen Kultur. Ich lernte sie auf eine neue Weise bewundern, aus der Ferne meines ihr entzogenen Ichs gleichsam, das ihrer Autorität als Über-Ich nicht mehr bedurfte. Meine italienischen Freunde wären nie auf den Gedanken gekommen, die Vorschriften der Kirche grundsätzlich abzulehnen, noch weniger freilich darauf, sich pedantisch daran zu halten. Die kirchliche Morallehre war, wie die Verkehrsordnung oder die staatliche Gesetzgebung überhaupt, zwar eine allgemeingültige Norm, die man aber von Fall zu Fall den Umständen und den eigenen Interessen anpaßte. Für mich wäre diese Denkungsart zynisch gewesen, hätte meiner pathetischen Lebenseinstellung des Entweder-Oder zu sehr widersprochen, als daß ich sie einfach hätte übernehmen können. Aber die Lockerungsübung bekam mir, die Beschäftigung mit einer anderen Deutung des scheinbar Eindeutigen schärfte mein Unterscheidungsvermögen. Ich lernte, den Widerspruch zu ertragen, es hinzunehmen, daß ich zwischen den Gegensätzen hing in einer endlosen Pendelbewegung, auch wenn mit der Zeit die Ausschläge weniger heftig ausfielen, das Hin und Her langsamer wurde.

Ich suchte, einen Punkt außerhalb und darüber. Das war einer der wichtigsten Gründe dafür, daß ich zu schreiben fortfuhr: um mir einen Halt zu schaffen, ein Netz, das mich auffing bei der Ungewißheit der Dinge, der Unsicherheit, dem Verfließen meiner Haltung zu ihnen. Ich brauchte ein Gehäuse, worin ich leben konnte, das mich aufnahm und barg, wenn schon die Kirche diese Funktion nicht mehr hatte für mich. Und so begann ich nach der ersten, jugendlichen, naiven Schreibperiode mit dem Versuch, schreibend einen Kosmos zu errichten, der den verlorenen Kosmos der Kirche, ihre Mythologie und ihre Ordnung ersetzte. Was freilich absurd war. Denn erstens kann das, was ein einzelner als Kunstwerk schafft und hinstellt, immer nur partikulär und, im Vergleich zur Kirche, privat sein, ein Splitter. Aber die Begierde, ein Universales zu schaffen, eine Vision des Ganzen zu evozieren, eine Gegen- und Überwelt, angefüllt mit möglichst viel Stoff und Erfahrung der Realität, dies treibt mich um und hält mich am Leben, seit ich den Katholizismus verlor als selbstverständliche Wohnung, seit ich merkte, daß die Kirche nur eine Höhle war, neben die man hinaustreten konnte, und daß man trotzdem weiterlebte. Diese Erkenntnis war schon genug, war schon zuviel, es reichte, daß ich sie faßte, und ich war schon außerhalb. War das ein geistiger Vorgang, eine Reifung des Denkens gleichsam? Ich glaube es nicht, es war ein umfassender Vorgang, der sich auf allen Ebenen gleichzeitig vollzog, und zwar nicht nur bei mir, sondern, wenn ich es nicht ganz falsch sehe, im ganzen Bereich der europäischen Kultur. Es war ein elementares Ereignis, das die einen Individuen, Landschaften, sozialen Schichten früher ergreift, die anderen später. Es ist das, was man den Tod Gottes genannt hat, was jedenfalls endet mit dem, was man, etwas pathetisch und immer noch mythologisch, den Tod Gottes, oder, nüchterner, das Ende des religiösen Zeitalters genannt hat. Von diesem Tod, diesem Ende wurde ich überrascht, ich war nicht vorbereitet auf die Krise, obwohl sie eine allgemeine war und unvermeidlicherweise einmal bei mir ankommen mußte. Die Vorstellung eines persönlichen Gottes ist nicht mehr akzeptabel für mich, oder gar die Idee einer Seele als eines vom Körper verschiedenen und unabhängig vom Körper irgendwie und irgendwo weiterlebenden Prinzips. Es ist eines der wenigen Dinge, die mir mit an Sicherheit grenzender Wahrscheinlichkeit klar und unbezweifelbar sind, sich im Laufe der Zeit immer unerschütterlicher festgesetzt haben in meinem Denken, in meinem Gefühl, daß ich, wenn ich einmal tot bin, tatsächlich tot bin, ganz und restlos, nichts wird weiterleben von mir als allenfalls das, was ich getan habe. Ich kann allenfalls hoffen, daß ein Gedicht, ein Wort, ein Gedanke von mir noch eine Zeitlang in anderen lebt, von einer Generation der nächsten weitergegeben wird. Der Ruhm als Ersatz für das Ewige Leben. Nach Meinung vieler das Hauptmotiv für alle geistige, künstlerische Produktion. Sei dem wie immer, der Ersatz ist dürftig, auch Ruhm, Nachruhm lebt nicht lange. In der Antike, in der Renaissance sogar noch, als er wiederentdeckt wurde, hatte man die Mittel, große historische Zeiträume zu überblicken, die wir heute haben, noch nicht. Man wußte noch nicht, daß das Andenken auch der produktivsten und wirkungsmächtigsten Individuen ein paar Jahrhunderte selten überdauert; drei oder gar vier Jahrtausende: das sind Ausnahmen, die sich an den Fingern abzählen lassen.

Die Stunde des physischen Todes ist die letzte und endgültige Stunde, Gott gibt es ebensowenig wie eine unsterbliche Seele. Diese Hypothesen bestimmen mich heute. Wo wäre da noch ein Platz für die Kirche in mir, Platz für mich in der Kirche? Draußen, neben mir steht sie, ich schaue hinauf an den Wänden der Arche, an den Mauern des Himmlischen Jerusalem, dessen Tore verschlossen sind, weil ich sie hinter mir zuschlug. Ich versuche, die Trauer darüber zu ertragen, indem ich ein Gebäude, eine Stadt, eine Arche aus Worten errichte, mit der Kirche, mir meiner Anmaßung durchaus bewußt, in Wettbewerb trete, ihren Aufbau, ihre vollkommene Organisation mit Worten nachzubilden versuche. Die Kunst als die Religion des neunzehnten Jahrhunderts, sagte man einmal; für mich, glaube ich, trifft das tatsächlich zu: Das Kunstwerk, und zwar nicht bloß als eine einzelne, momentane Äußerung, sondern als eine durchgebildete Welt, als Entwurf einer Gegenwelt, ist für mich an die Stelle der Kirche getreten. Wie früher, zwischen meinem zwölften und meinem dreiundzwanzigsten Jahr, die Kirche alles enthielt, es tatsächlich außerhalb für mich keine Realität gab, so enthält heute die Kunstwelt, Wortwelt, die ich errichte, alles in sich. Alles bezieht sich für mich immer mehr, immer entschiedener darauf. Es ist für mich nichts mehr wichtig als dieses enorme Gedicht, dieses Wortgebirge, dieses totale Buch, das ich zu verfertigen suche. So bin ich katholisch geblieben auch darin, denn mein Anspruch ist absurd, letztlich unrealisierbar, wie der Anspruch der Kirche absurd ist und anmaßend und unrealisierbar. Diese unbedingte und universale Totalität wider alle Vernunft. Nur, im Unterschied zur Kirche, die auf einem überpersönlichen, auf einem Kollektivwahn steht, stehe ich auf mir allein, taste mich an den Grenzen des Wahnsinns dahin. Ich werde am Ende scheitern, genau wie die Kirche auch. Nur verteilt sich bei ihr, weil ihr Wahn ein Kollektivwahn ist, auch das Scheitern auf viele Köpfe und über lange Zeiträume hin. Meinen Wahn muß ich ganz allein verantworten, er wird mich, wenn er einmal einstürzt, ganz allein erdrücken, zerschmettern. Mein Dämon treibt mich, ich fürchte, er ist stärker als alle Skepsis und Einsicht, er ist wie der Heilige Geist, der die Kirche treibt und erfüllt. Auch darin ist meine Kunstwelt, mein Kosmos aus Worten nichts anderes und nicht mehr als Imitatio, Nachahmung, Nachfolge der Kirche. Trotz, Widerstand, Rebellion liegen mir nicht, sind mir fremd, und immer wenn man mich dessen bezichtigt oder sogar dafür rühmt, bin ich verärgert.

Ich habe keine Beziehung mehr zu den kirchlichen Lehren, Regeln und Dogmen, außer eben: eine ästhetische. Ich kann sie heute betrachten, ohne von ihnen noch beunruhigt zu werden. Jedenfalls möchte ich, daß es so wäre. Denn zu viele Verletzungen, Beschädigungen blieben zurück von der großen, mehrstufigen Operation ohne Narkose und brennen noch immer. Das gilt, ich komme darauf zurück, von der Abtötung des Fleisches etwa, ich muß diesen Punkt noch deutlicher machen, das gilt von der Abtötung des Fleisches besonders. Wenn mir, seit ich ungefähr fünfzehn Jahre alt war, die kirchlichen Dogmen, die Mythen, welche die Kirche ihren Gläubigen als historische Fakten anzunehmen befiehlt, suspekt zu werden, die Auferstehung Jesu, seine Geburt von der Jungfrau aus dem Heiligen Geist, seine Wunder unglaubwürdig zu erscheinen begannen, so hätte ich doch, glaube ich heute, diese Schwierigkeit mit der Zeit überwunden. Mit zunehmender Reife, wäre nicht die Abtötung des Fleisches gewesen, hätte ich, nachdem ich die Kategorie des Mythischen entdeckt hatte, eine neue, distanziertere, erwachsenere Form der Zugehörigkeit zur Kirche gefunden, eine Zugehörigkeit mit Reserven und Einschränkungen zwar, aber ich wäre nicht hinausgegangen, hinausgefallen aus diesem Vater- und Mutterhaus voller geliebter Bilder, Tröstungen und Träume. Wäre nicht die Abtötung des Fleisches gewesen. Und damit ist das eben Gesagte schon gleich wieder relativiert. Denn die Abtötung des Fleisches spiegelt sich in der christlichen, in der katholischen Mythologie nicht nur wider, sie liegt ihr weithin zugrunde, oder umgekehrt: sie ergibt sich daraus. Die Vorstellung eines jenseits thronenden, von außen hereinwirkenden Gottes, der die Welt und den Menschen erschuf, die Vorstellung vom Menschen als einem Wesen, das sich zu diesem Gott, ihn fürchtend oder ihn liebend, indem es ihm gehorcht oder ihn beleidigt, verhält, von ihm belohnt und bestraft wird, die Vorstellung endlich, und das ist vielleicht der Grund und Anfang von allem, daß der Mensch aus zwei verschiedenen, einander fremden und einander bekämpfenden Hälften besteht, aus Leib und Seele, aus Fleisch und Geist, diese Ideen, Mythologeme zielten am Ende alle auf die Abtötung des Fleisches, erhoben laut die Forderung danach.

Und an dieser Stelle hörte der Spaß für mich auf. Eine Herrschaft und Lehre, so bewundernswert sie angelegt und durchgeführt sein mochte, die mich mir selber entfremdete, einen Teil meines Wesens dem anderen entgegenstellte, indem sie den einen hochlobte und den anderen diskriminierte, verwarf, mich zur Wahl zwingen wollte zwischen meinem höheren geistigen und meinem niederen fleischlichen Teil, eine solche Herrschaft und Lehre war für mich nichts. Ihr auf die Dauer anzuhängen, war ausgeschlossen, war mir aufgrund meiner Selbsterfahrung unmöglich. Je älter ich wurde, desto mehr lernte ich nicht nur, meinen Körper zu genießen, ich merkte auch immer mehr, wie wichtig dieser Genuß war für die Integration meines Wesens, für die Verschmelzung aller Elemente, die sich in mir widerstritten, zu einem Ganzen: Wenn ich es langsam, sehr langsam allmählich zu etwas brachte, das man eine Persönlichkeit nennen könnte, ein umrissenes Ich, so nur, weil und soweit ich lernte, mich anzunehmen, auch meine Triebhaftigkeit anzunehmen, nichts auszuschließen, was zentral in mir saß und zur Entwicklung, Äußerung drängte. Und das war das Fleisch nicht weniger als der Geist, die Sexualität nicht weniger als die Erfindungskraft und der Gedanke. Ja, ich entdeckte, daß die Sexualität mich anstieß, meinen Geist in Bewegung setzte und anstieß wie eine Schaukel. Die Sexualität befreite mich immer wieder aus Erstarrung und Ängsten, sie war das einzige Unberechenbare, dem ich mich durch keine Berechnung, durch kein Programm entziehen konnte. Aus ihr verjüngte ich mich immer wieder, gewann ich die Kraft zum Neubeginn und zum Absprung. Was sollte mir da die Abtötung des Fleisches um irgendeines hypothetischen Gewinnes, eines geistlichen oder geistigen oder jenseitigen oder sonstwie gearteten Gewinnes willen? Je länger ich lebte, desto bewußter, spürbarer wurde mir die Vergänglichkeit, Hinfälligkeit des Fleisches. Der Tod ist ohnehin nahe, steht mir immer vor Augen; was sollte ich ihn, indem ich mein Fleisch abtötete, gleichsam vorwegnehmen? Alles, was zählt, ist das Hier und Jetzt, sind die Ziele, die ich mir gesetzt habe, der Dämon, der sich meiner bemächtigt hat und mich als ein Ganzes aus Leib und Seele vorantreibt. Er kennt den Unterschied von Leib und Seele, von Fleisch und Geist nicht. Es geht da doch nicht, für mich geht es nicht um eine allgemeine und abstrakte, von irgendwo draußen hereingebrachte und oktroyierte Ordnung, eingeteilt in Gut und Böse, in Oben und Unten, es geht um die Vollkommenheit, darum, die größte Annäherung an die Vollkommenheit zu erreichen, mit all meinen Kräften, indem ich sie zusammenraffe und steigere, soweit es mir eben gelingt.

Das ist es, glaube ich, was die Möglichkeit, in der Kirche Wohnung zu behalten, für mich endgültig zerstörte, es mir nicht einmal mehr erlaubte, angesichts meiner Zweifel und meines Unglaubens, mit halb schlechtem Gewissen wenigstens in einer Gerümpelkammer oder unter der Treppe mich zu verkriechen: Um meiner Ganzheit, meiner Authentizität willen hätte ich niemals mehr darin bleiben können. Ich hätte mich, wäre ich in der Kirche geblieben, verstümmelt, auf einen Rest reduziert. Und da ich das nicht wollte, nicht konnte, fiel ich hinaus; es war das nicht, in keinem Augenblick war das die Frage einer Entscheidung, ich fiel einfach hinaus.

Otto F. Walter
Abschied von einer Madonna

Nichts weiter als Zufall, daß Thom im Blauen Zimmer den großen Wandschrank öffnete. Er war eben hereingekommen, um zu sehen, ob er mittags die Fenster gut zugemacht hatte; für einen Augenblick hatte er an einem der Südfenster gestanden und in den Gewitterregen geschaut; der ging in Schauern so dicht noch immer nieder, daß die Dächer und Hochhäuser hinter den grau von Westen her vorbeitreibenden Wasservorhängen verschwunden waren. Erst jetzt war Thom zur Tür gegangen, um Licht zu machen. Dann hatte er kurz dagestanden, nur so, unschlüssig, ob er schon jetzt an Lis schreiben oder ob er sich erst unten im Lehnstuhl die heutige Zeitung endlich vornehmen solle. Sein Blick war auf den Schrank gefallen, der neben dem Bett in die Wand eingelassen und blau gestrichen war. Er ging darauf zu.

Als er die beiden Flügel öffnete, hatte er vor sich, auf Augenhöhe, diese Statue. Madonnenstatue. Thom erschrak. Sie war da, ohne jede Veränderung, so als wären nicht vierundzwanzig Jahre vergangen; als wäre er selber nicht längst ein anderer geworden. Sie stand, als wäre Zeit nur eine törichte Erfindung.

Madonna mit Kind. Sie, die Gottesmutter mit dem ernst lächelnden Mädchengesicht, wie sie, von ihrem blauen Mantel umhüllt und umflossen, auf dem Kissen sitzt, getragen von den beiden Hörnern des Stiers. Oder war das doch die Mondsichel, und deren Enden liefen hörnerähnlich rechts und links nach oben geschwungen in die Spitzen neben dem Haupt der Ruhenden aus? Leichter Kampfergeruch; er hatte, offensichtlich, gegen die Motten gewirkt. Ja, genau so und wie nicht einmal vom Staub berührt, saß diese dreißig Zentimeter hohe Puppe mit ihrem Jesus im Arm vor ihm, so wie sie immer, drüben in der Zimmerecke, auf dem Tischchen, dagewesen war, wahrscheinlich ein Serienprodukt aus der Fin-de-Siècle-Zeit, Gips, die beiden Gesichter bunt bemalt. Hinter ihnen der versilberte Strahlenteller, aufgestellt als Rückwand, ja, auch er, und Thom sah sekundenlang darin gespiegelt wieder die beiden Kerzen. Er hatte sie als Vier- und Siebenjähriger anzünden dürfen, wenn die Mutter sich auf den Betschemel vor der Statuette hinkniete und mit ihm, mit Gret und Charlott diese inbrünstigen Anrufungen der Lauretanischen Litanei zu beten begonnen hatte – Du reinste Mutter, bitt' für uns! Du unbefleckte Mutter, bitt' für uns! Du Sitz der Weisheit, Du Königin der Patriarchen, Du Königin, ohne Makel der Erbsünde empfangen, bitt' für uns! –, sie oder auch die zehnmal »Gegrüßt seist du, Maria, Mutter Gottes, voll der Gnade«, diese zehn Ave Maria, die zusammen jeweils einen der Sätze des Glorreichen Rosenkranzes bildeten. Thom hatte, hingekniet auf den Teppich vor Mutters Schemel, neben seinen Schwestern immer wieder das Gesicht der ernst den Fuß ihres kleinen Sohnes betrachtenden Mutter unseres Herrn und Heilands angeschaut. Doch nie hatte ihr Blick sich ihm zugewandt, sosehr er sich auch, etwa beim Singen von »Meerstern, ich Dich grüße«, bemühte, besonders innig ihre Aufmerksamkeit auf sich zu ziehen. Von wem, wenn nicht von ihr, der Gottesgebärerin und Zuflucht der Sünder, der Königin der Blutzeugen und keuschesten Mutter, hatte er denn Kraft, Kraft und Gnade und auch Vergebung erhoffen dürfen für sein sündiges, beflecktes Herz? Wer, wenn nicht sie, die Pforte des Himmels, die Königin der Meere und Jungfrau aller Jungfrauen – Du elfenbeinerner Turm, Du Arche des Bundes, Du keuschester, unversehrter, unbefleckt empfangener Spiegel der Gerechtigkeit und reinstes, dreimal reinstes und vortreffliches Gefäß der Andacht! – wer eher als sie, allenfalls im Verein mit dem reinen Heiligen Aloys, hätte um Gnade für ihn, Thom, bitten können vor dem Throne Christi, vor Ihm, der auferstanden war, leiblich, von den Toten, um zu sitzen zur rechten Hand Gottes, des Vaters, und zu richten nicht nur die Toten, sondern auch alle, die da, wie Thom, noch lebendig waren?

Immer wieder hatte die Stimme der Mutter, die hinter ihnen auf dem weinroten Kissen des Betschemels kniete, nochmal ein Ave Maria und nochmal eines angestimmt, für die im Bombenhagel des Krieges in der heutigen Nacht umkommenden Kinder und Mütter, für unsere Soldaten im Feld und an der Grenze, und immer nochmal ein »Gegrüßt seist Du, Maria« für Vater, damit er endlich die Kraft fände, seinen Weg der Sünde zu verlassen. Manchmal begann die klare, dunkle Stimme der Mutter zu zittern, wenn sie mit zwei, drei Sätzen überleitete zum zweiten, zum zusätzlichen Beten der Lauretanischen Litanei; diesmal sollten sie, seine Schwestern und er, mit ihr darum beten, daß die reinste und mächtige Jungfrau und Königin der Propheten ihr selber, ihr, Thoms Mutter, jene Kraft verleihen möge, jene Kraft, ja, die sie brauchte, um den Vater den Pforten der Hölle, die ihn zu verschlingen drohten, zu entreißen. Gib mir die Kraft, Gottesgebärerin! Gib mir die Kraft! Mit der Mutter brach auch Thom, zitternd unter den Schauern, die über seinen Rücken krochen, in Tränen aus. Auch Charlott, auch Gret weinte oft, auch Frieda und Herminia, weit hinten im Zimmer kniend, und so sangen sie dann viel zu laut alle zusammen nochmal voller Inbrunst »Meerstern, ich dich grüße« mit dem Ruf: O Maria hilf!

Zwei- oder dreimal war dann doch geschehen, was Thom so sehr erfleht hatte: Sie hob, nur leicht, den Kopf und lächelte ihm zu. Er sah, wie die Mutter Gottes mitsamt ihrem unbefleckt empfangenen göttlichen Kind, mit dem roten Kissen, der Mondsichel und dem Strahlenkranz zu schweben begann. Die Wände wichen, und staunend sah Thom, wie sie, gebenedeit unter den Weibern und mit der gebenedeiten Frucht ihres Leibes, durch die Winternacht emporschwebte, über die Tannenwipfel und die Dächer von Jammers hinauf ins Firmament. Thom mußte glücklich die Augen schließen, denn sie war umglänzt vom Heiligen Geist und von den Sternen und Abersternen des Allmächtigen. Jetzt wußte er, sein Gebet und ihre gemeinsamen Gebete für den Vater und immer wieder für Reinheit waren, jedenfalls für die nächsten Nächte und Tage, erhört.

Gewiß, die Statue, wie sie da im Schrank vor ihm saß, sah viel kleiner, viel bescheidener aus als das Bild, das jetzt, nach Jahrzehnten, in ihm wieder aufgetaucht war. Er hatte auf einmal das Gefühl, in dieser Madonna auf das Bild zu stoßen, das er vergessen hatte und das ihm ein Stück der Wahrheit signalisieren könnte über die Frau, die ihn geboren hatte. Was wußte er von ihr? Kannte er ihre Angst, ihre Sehnsüchte?

Ja, da waren diese Fetzen von Erinnerung, diese verbleichenden, an den Rändern zerfransenden Bilder – die Mutter als das Helle, Weiche, als das warme Wesen, das ihn durchs Zimmer zur weißen Alabastervase hinübertrug; das Wesen, das, ihn küssend und ein Liedchen summend, sich mit ihm auf dem Arm auf der Terrasse um sich selber drehte; die Frau, die ihn, den noch nicht Zweijährigen, oben in der Wiese durch die Blüten trug; die ihn plötzlich, auf den Ruf von Gret hin, ins Gras setzte und davonlief. Oder wie sie von der Galerie herunter in die Halle kommt, ja geradezu schreitet, im langen Kleid aus blauer Glasbatikspitze, mit dem großen Bubenkragen, mit der Atlasschärpe und der kleinen Garnitur blauer Blümchen im Haar. Ihr Lächeln, und wie sie strahlt: bin ich nicht schön? Und wie sie sich ihren Biberschwanzpelz um die Schultern legte und, gedrängt von Vater im strengen Diplomat, vor ihm her durch die Außentür in der Dämmerung dort draußen verschwand. Oder wieder kam sie aus der Halle die Treppe herauf, und der Vater und Sepp und er, Thom, verschanzt hinter der Barrikade und dem Galeriegeländer, schauten ihr, machtlos gegen dieses entschlossene Gesicht und ihre aufgerichtete Gestalt, entgegen.

Thom nahm das blau gebundene Heft vom Schrankbrett neben der Madonna, und während er sich seitlich so aufs Bett legte, daß er, auf den

Ellbogen gestützt, im Heft lesen konnte, kamen ihm diese Bilder seiner Mutter vor wie winzige, wirr durcheinander montierte Szenen eines schlecht belichteten Films, die da in seinem Hirn aufblitzten, kurz leuchteten, sich ineinander verschoben, verschwanden. Welche Farbe hatten die Augen der Mutter gehabt? Grünblau? Blaubraun? Nicht einmal das hätte er zu sagen gewußt.

Liegend auf dem Bett, das eine Knie angewinkelt, schlug er das Heft auf. Unverkennbar Grets Schrift, die einzelnen Sätze, auch ganze Abschnitte mit Kugelschreiber, dann wieder mit Bleistift hingekritzelt, einzelne Worte unterstrichen. Als Titel stand über der ersten Seite nichts weiter als das Wort »Notizen«. Gleich darunter: »Der überschwengliche Madonnenkult unserer Mutter war vor allem ein geradezu inbrünstiger Reinheitskult«. Das Wort »Reinheit« war zweimal unterstrichen.

»Mutter muß eine panische Angst vor allem Triebhaften, vor allem Sexuellen gehabt haben.«

»Jammers, 12. April 1976. Heute Besuch meiner Freundin Margot Keller. Margot erzählt, daß sie mit einer Theologin zusammen Marienbilder untersucht auf den Zusammenhang hin zwischen der Madonna und der Muttergöttin, die, unter wechselnden Namen, in allen matriarchalen Kulturen die Urmutter war – die Göttin, die zuerst war und aus sich heraus alle anderen Gottheiten und schließlich auch die Menschen gebar. Sie heiße Inana bei den Sumerern, Ishatar bei den Babyloniern, Isis und Nut bei den Ägyptern. Bei den Griechen war sie Demeter oder Gaia.«

Im nächsten Abschnitt hatte Gret notiert, wie sie ihrer Freundin Margot Mutters Madonnenfigur gezeigt habe. Margot war begeistert. Noch in dieser versüßten Darstellung aus dem religiösen Geist des neunzehnten Jahrhunderts – es handle sich um eine Nachbildung von Dürers »Marienleben« – sei das Attribut der uralten Göttin vorhanden, nämlich der Mond, genauer: die Mondin. Überall in der Mariendarstellung durch die Jahrhunderte tauche diese Verbindung von Madonna und Mondin auf, ebenso wie die Muttergottheiten und die Mondin im alten Glauben aufs engste zusammengehörten – die Mondin, die für Zeugung, für Fruchtbarkeit, für Vergehen und wieder neues Leben stehe.

Thom überlas den Abschnitt nochmals. Merkwürdig. Er blätterte, verglich die Daten. Offensichtlich hatte es, in der Mitte der siebziger Jahre, eine Zeit gegeben, da Gret intensiv versucht hatte, sich mit der längst gestorbenen Mutter auseinanderzusetzen. Hatte Thom überhaupt das Recht, die Notizen zu lesen? Ob er Gret fragen sollte? Er blätterte. Nach etwa zwölf Seiten brachen die Notizen ab, der Rest des Hefts war leer geblieben. Die letzte Eintragung lautete: 19. September 1977.

Im Zurückblättern fiel sein Blick auf die unterstrichene Frage: »Hat meine Mutter den möglichen Zusammenhang zwischen ihrer unbefleckten Jungfrau Maria und der Erdgöttin Gaia geahnt? Margot hat mir heute neues Material geschickt. Spannend. Wieder ist darin vom Weiterwirken, dem geheimen, der matriarchalen Welterfahrung in der christlichen Kultur die Rede, unbewußt lebe sie in der Madonnenverehrung weiter. Margot nennt Maria eine ›von der patriarchalen Kirche als Ersatz angebotene, heruntergekommene, erdfern gewordene Göttin‹. Dennoch, in diesem Bild lebe die Tradition ursprünglicher Macht der Frau in der Welt fort. Hat Mutter sich von der Madonna, neben dem Beistand in ihrem Kämpfen gegen die Lust und alles Unreine, gleichzeitig auch die uralte Kraft ›zurückerbeten‹ wollen – jene Kraft, die sie suchte, um ihren Mann und ihren Klan unter ihren Einfluß zu bringen? Hat sie tatsächlich versucht, selbst die Eisenwerke ihrer Macht zu unterwerfen? Was für ein merkwürdiger Frauenwunsch! Rache einer Frau im Patriarchat? Spürte sie, daß solche Macht ihr ermöglichen könnte, aus dem Gefängnis der Kultur des weißen Mannes auszubrechen? Ach, was weiß ich von ihr? Seit fünfzehn Jahren ist sie tot. Ich werde es nie erfahren. Das Schlimmste: Ich merke, wie ich, je länger, desto weniger unterscheiden kann zwischen dem, was ich selber mit ihr erfahren, und dem, was ich durch die anderen Leute – vor allem durch Tante Esther – gehört habe. Was geschah damals, 1953, wirklich, in jener Augustnacht im Badezimmer, nach Vaters Sturz und seinem Schenkelbruch?

Längst will niemand im Haus sich mehr daran erinnern – ja, außer Tante Esther mit ihrem bösen Mundwerk. Wie, wenn es anders gewesen wäre? Dann hätte, auch was neun Jahre später an Mutters Krankenbett passierte, seine Rechtfertigung verloren? Alles umsonst? Nein, ich darf daran gar nicht denken!«

Thom legte sich auf den Rücken. Die Hände im Nacken gefaltet, schaute er in den Leuchter über sich. In den zerrissenen Glasperlen spielte das Licht der schwachen Glühbirne, die über und zwischen ihnen hing.

Hier, in diesem Bett, hatte Mutter, schon krank auf den Tod, gelegen, so wie er jetzt dalag. Auf der linken Seite des Betts saß Gret, hier, Thom hätte mit der ausgestreckten Hand die Wange seiner Schwester berühren können, wenn er daran dachte, wie Gret der Mutter liebevoll zuredete, einen Schluck Tee zu trinken: das beruhigt, du mußt doch schlafen. Rechts sah Thom sich selber, wie er den Schemel herangezogen und sich Gret gegenüber ans Krankenbett gesetzt hatte – für die Dauer eines Lidschlags sah er sich, sich selbst, todkrank daliegen, mit einem furchtbar bleich, ja spitz gewordenen Gesicht, mit ihrem Gesicht, worin sich die Augen, eingefallen, bewegten, nur noch sie, um zu sehen, wer ihr oder also ihm da jetzt noch Gesellschaft leistete, wo sie oder er doch wußte, die hereinkommende Nacht würde wohl nun die letzte sein. O Maria, hilf uns allen. Kaum zu verstehen das Flüstern, die Lippen bewegten sich nicht.

War nicht noch jemand hier im Zimmer der sich dem Sterben zuwendenden Mutter gewesen? Für einen Augenblick roch Thom den Geruch der ausgeblasenen Kerzen vom kleinen Hausaltar her mit der Madonna in der Ecke drüben. Er hatte dagesessen – wie war das gewesen? – da rechts neben Mutters Bett, ihm gegenüber Gret, wie sie, sich halb erhebend, versuchte, indem sie den rechten Arm unter das Kopfkissen schob und es behutsam hob, das zweite Kissen darunterzuschieben. Thom stand auf, und um Gret beim Auswechseln der Kissen zu helfen, beugte er sich über Mutters Gesicht und hob ihren Kopf, ihn mit beiden Händen hinter den Ohren sorgfältig fassend, leicht an. Dabei schauten die beiden glänzenden Augen der Schwerkranken starr zu ihm herauf. Was war in diesem Blick gewesen? Angst, Vorwurf, oder welche Frage?

Aber also da drüben, halb im Dunkeln, da rechts neben der Tür und schräg zum Schreibtisch – ja, jetzt wußte er wieder: da hatte Tante Esther in ihrem Rollstuhl gesessen und hatte zugeschaut, wortlos, ohne sich zu rühren. Sie war dagewesen, hatte jede Bewegung beobachtet, jeden Atemzug registriert, so als warte sie nur noch darauf, daß das Atmen ausbliebe.

Ja und sonst? War noch jemand dagewesen? Er war dann hinübergegangen in sein Zimmer. Hatte er zu schlafen versucht? Wieder hatte er Charlott gegenwärtig, wie sie unter der Tür zu seinem Zimmer stand, sie und ihre Flüsterstimme: Sie sei ja schon tot.

Jammers, 29. 6. 1982

Liebe Lis,

seit ich diese Anrede schrieb, sind fünf Minuten vergangen. Ich wollte nicht mit der Klage darüber beginnen, daß heute Dein Brief nicht gekommen ist. So saß ich da, suchte nach einem ersten Satz; er sollte Dir nichts weiter als das Glücksgefühl übermitteln, das ich spüre, wenn ich, auch tagsüber, an Dich denke.

Etwas Furchtbares, etwas ganz und gar Lächerliches ist in der Zwischenzeit geschehen. Du siehst meinen Buchstaben an, noch zittere ich ein wenig. Eine mir noch immer unverständliche Wut packte mich. Noch

eben war ich ruhig; noch freute ich mich auf dieses zwar reichlich mono-
logische Gespräch mit Dir, noch suchte ich den Einstieg: da fiel die
Madonnastatue meiner Mutter mir ein, die ich heute gegen Abend im
Schrank da drüben, neben dem Bett, wiederentdeckt hatte. Sie hatte
mich – wie ja allmählich alles hier im Haus – an meine Kinderjahre erin-
nert: an die ungezählten Nachtgebete, die ich mit Mutter und meinen
Schwestern vor ihr verrichten mußte. Jetzt also, wie ich mit diesem Brief
beginnen wollte, spürte ich plötzlich ihre Gegenwart. Halte mich bitte
nicht für verrückt, aber geradezu körperlich spürte ich, sie war da, gleich
da drüben hinter der Schranktür, und sie bewirkte allein durch diese Existenz, daß ich, wie ich so saß, geradezu überfallen und überschwemmt
wurde von allen diesen Gerüchen und Bilderfetzen und Wortfetzen, von
den Gestalten aus der alten Zeit, der Gestalt der Mutter vor allem, von
den widersprüchlichen Empfindungen, die sie, Mutter und alle die anderen, in mir auslösen.

Lis, versteh bitte: Schon vorgestern, schon gestern, und wieder heute,
immerzu und anscheinend zunehmend gerate ich hier in ihren Strudel,
oder soll ich sagen: in dieses Chaos von Bruchstücken aus einer Erinne-
rungsmaschine, die ich anscheinend selbst jetzt in mir nicht abstellen
kann, wo ich mit Dir reden will. Jedenfalls, nach einigen erfolglosen Versuchen, mich auf den Brief zu konzentrieren, stand ich, noch immer
kaum mehr als verärgert, auf, ging zum Schrank – übrigens nicht, ohne
das ein wenig Kindische meines Tuns wahrzunehmen – und nahm die
dreißig Zentimeter hohe Gipsmadonna mit Kind und messingenem
Strahlenkranz heraus, trug sie in die Galerie da draußen, in der Absicht,
sie auf die hohe Kredenz zu stellen. Noch im Gehen, und noch bevor ich
die Kredenz erreicht hatte, brach die Wut in mir auf. Mit drei Schritten
war ich an der Brüstung der Galerie. Ich hob die Madonna mit beiden
Händen über den Kopf, und – vielleicht lachst du, vielleicht erschrickst
du – ich schmetterte sie über die Brüstung in die Halle. Auf den Steinflie-
sen da unten im Dunkeln zerschellte sie. Schwer atmend kehrte ich hier
an den Schreibtisch zurück. Und will im Augenblick auch gar nicht er-
gründen, was da mit mir geschehen ist...

Franz Liebl
Religionen

Gotisches Kirchenfenster

Gebets-Rakete,
dreistufig steil

an der Weihrauchrampe.

Ladung:
Legende in Buntglas.

Rose im Sprengkopf.

Der Count-down läuft
noch immer.

Orante
(Felszeichnung in Vitlycke, Südschweden)

In die Knie brichst du

vor dem Sturm, der dein Haar peitscht,
unterm Stoß des Mannes –

wider den Wolf, der das Kind reißt,
an die Seite des Toten –

aus dem Schmerz des Gebärens,
in die Röte des Taglichts –

Spätere nennen es Beten.

Fern und ferner sehen

Fett vorgemerkt:
Warum ist Gott so grausam?

Eine (selbst für Theologen)
offene Frage

offen lassen,
sagt der in der Glotze.

Warum laß ich da
auch noch die Glotze

offen?

Ach ja: x y –
samt Lösung.

Ab inferis

Der verkrüppelte kretische
Postkarten-Greis
laß mich sein,
dem clever ich
den Kaufhof vorzog –

das erschreckte Eskimokind,
des tranige Hand
flugs ich wegstieß,
Flecken befürchtend –

die am Fluchtweg verlassen
gebärende Schwarze,
die vom Bildschirm verzweifelt
auch mich ansah –

rufe mich, Stimme –

Religionen

Als du ihnen aus Berg und Sturm,
Sonne und Meer entwichst,

bannten sie dich in ein Stück
Holz oder Ton – nach ihrem Gesicht

und schlugen weiter brav ringsum die tot, die anderes taten,

obwohl: auch dir zur Ehre ...
Wann sagst du klar allen

selber Bescheid? – Es tät not.

Stonehenge

Niemand
wirft eine leere Bierdose.

Eine Japanerin deutet
die Magie des Kreises.
Unsere Pyramiden – sagt
ein Ingenieur aus Kapstadt;
sein Kommentar bzgl. know-how:
Muskel plus Grips.

Totenkult, benachbarte Pferderennbahn –
informiert das Sachbuch. Ein Stich
von 1863 zeigt hier eine Jagdgesellschaft;
es ging um Hasen.
Urvolk unbekannt. Etliche Eroberer
bauten zu.

Nein – restauriert nicht;
was wäre als Mitte genehm –

Und wem?

An Isis

Säugst verschreckt in den Sümpfen
den Sohn, den du
von deinem Toten empfingst.

Nein: Gebärerin des eignen
Vaters seist du – beschwören diese,
verlästernd jene, die

dich als Tochter des Knaben
glauben, der dir
zur Brust liegt.

Ach, alle Namen gab
je die Zeit dir,
Mutter der Menschheit, die

den bergenden Schoß sucht,
schutzlos taumelnd voran,
zurück –

Christoph Geiser
Das Martyrium
Aus einem Roman

Ein Augenblick von höchstens zwei Minuten Dauer (ich habe es natürlich nicht genau gestoppt) kostet zweihundert Lire.

Nichts; in den Innentaschen meiner Jacke nichts, im Gürtel nur dieser Geldschein mit dem telegen zurechtgemachten Porträt des Malers als erwachsener Mann, den vielen Nullen; nichts für den Automaten der Lichtmaschine an der Wand.

Es ist zu dunkel; eine unruhige Dunkelheit, Schatten in den Winkeln, flackernde Irrlichter in den Gewölbebogen und an den Seitenwänden der Nische diese undeutlichen Bilder.

Ein Handgemenge; Körperteile, die fahl schimmern, ein schreiendes Kindergesicht löst sich aus dem Hintergrund, eine nackte männliche Gestalt im Zentrum, die in irgendeiner Erregung um sich schlägt, ein wenig vorgebeugt auf etwas einschlägt, etwas wegstößt, etwas niederringt, kopflos, der Torso eines unkenntlichen jungen Mannes in einem unbestimmten Dunkelraum.

Das muß der Mörder sein.

Es ist das schreiende Gesicht des Knäbleins.

Der Rest bleibt undeutlich, während ich in meiner Bank nur darauf warte, daß andere für mich bezahlen.

Ein zwiespältiges Gefühl; ein Ort für Vermeidungszwänge.

Schon das marmorne Wasserbecken, das man beim Eingang, wenn man es noch gar nicht sehen kann, merkwürdigerweise gleich zu *riechen* glaubt, fürchte ich, es bringt mich in Verlegenheit. Unbekümmert beträufeln andere sich (die auch bloß die Bilder sehen wollen, natürlich auch kein Kleingeld haben, mich fragen) – und ich kann nicht, darf doch strenggenommen gar nicht, protestantisch getauft und konfirmiert, noch immer steuerzahlendes Mitglied der sogenannten Landeskirche, weil ich ohne zwingenden Grund aus keiner Gemeinschaft, der ich nun einmal angehöre, austrete, passives Mitglied einer verkümmernden marxistischen Partei, jüdischer Abstammung teilweise.

Jedesmal mache ich große Umwege, damit ich wenigstens das Glacis vor dem Allerheiligsten nicht überqueren muß, wie ein Rebell, der den Gruß verweigert, aber nicht dafür büßen will.

Verstockt; ich halte mich im Hintergrund, am liebsten im Schutze irgendwelcher Säulen, während ich mich bemühe, so leise wie möglich aufzutreten, damit meine Sohlen auf dem marmornen Grund nicht hallen, um niemanden zu stören, als wäre ich gar nicht da.

Schwarze Bojen, vereinzelt in den Wellen der Kirchenbänke, aber erstarrt, wie eingefroren, Nonnen; als harrten sie auf einen großen Sturm.

Gewalttätig sei der Bub geworden, zur gleichen Zeit berühmt, mit seinen Altarbildern; ich kann die Kirchen nicht vermeiden, als Erzähler dieser fremden Lebensgeschichte aus einem anderen Jahrhundert.

Nec spe, nec metu – sein stoisches Leitmotiv, als erwachsener Mann; Mühe, ihm das zu glauben.

Bilder sagen gewöhnlich mehr als solche kühnen Sätze.

Überall verstecken sich hier Bilder.

Angst; Angst vor dem Halbdunkel dieser Winkel, Nischen, Seitenkapellen, in denen etwas sich verbirgt, das ich ahnen kann, aber in der Art optischer Täuschungen, wie als Kind, wenn in der Nacht die Möbel an den Wänden wuchsen.

Der Wunsch, mich zu verkriechen, damit der Alptraum mich nicht findet, der andere, der mich wegräumt.

Hier ist der andere ein Bild.

Ein Torso, von den Knien bis zum Haaransatz über dem ausrasierten Nacken, nackt die Stümpfe kräftiger Oberarme, der Rest ist weggebeugt, tief gebeugt; die Nackenmuskeln sind verspannt, die Schulterblätter spreizen sich, ein breiter, krummer Rücken.

In der Gesäßtasche der Jeans steckt ein brauner Taschenkamm.

So bietet er sich dar; den Nacken für das Joch, den ganzen Rücken für die Schläge, die Hinterbacken preßt er schon zusammen, wie im Schmerz.

Was für ein Schmerz?

Das ist nicht dieses ruhige Harren der Nonnen in der Dunkelheit; ein hellerer Kirchenraum aus blassem Marmor, wie eine nostalgische Bahnhofshalle, ohne Schatten fast, man kann sich nicht verstecken. Die Schritte hallen, die Stimmen der polnischen Touristengruppen, angeführt von einem Priester, fünf Photoapparate baumeln über seinem Bauch.

In einer Kirche darf man eigentlich nicht lächeln; im Hintergrund, gegen eine Marmorsäule gelehnt, zwischen den marmornen Büsten der Päpste, im gleichmäßig grauen Licht, geniert, als wäre ich hier ausgestellt, bei einer unzulässigen Beobachtung, neben dem Genius des Todes, der gestützt auf sein Liktorenbündel eine pontifikale Gruft bewacht, lasziv hingegossen (das Tuch über seinem Oberschenkel, das knapp die Scham verdeckt, müßte nach allen Regeln der Schwerkraft fallen), aus diesem hautfarbenen Material, aber blutleer, übernächtig, jünglingshaft, den Mund halboffen, mit blinden Augen wie im Schlaf, in einem Traum, kein aufmerksamer Wächter, warte ich, geil auf das Gesicht.

Wie sieht ein solcher Beter aus?

Ein Torso ohne erkennbare Bedeutung, der umsonst versucht, sich aus dem unbehauenen Stein zu winden, im Schmerz erstarrt, plastisch bis in alle Einzelheiten der trainierten Muskeln, ausgewachsen, kein Genius mehr.

Der Junge kann es nicht verstecken; das ist kein Selbstgespräch, ins Transzendentale transformiert, keine Meditationsübung, keine Entspannungstechnik, der hat Schiß, man sieht es an den Hinterbacken.

Der andere, vor dem er kniet, den Rücken beugt, den Nacken senkt, das ist ein Mann, der stärker ist als er.

Keine Idee. Kein Engel, kein Barock-Engel jedenfalls; ohne Flügel, ohne Botschaft; wortlos und leibhaftig, der Mann, mit dem Jakob ringen muß, doch der kämpft nicht mehr, der hat sich kampflos unterworfen.

Da gibt es nichts mehr zu sagen, zu bereden, zu erklären; der stammelt nur noch, wie ein Kind.

Vielleicht ist es die Mutter Gottes (damit, das habe auch ich begriffen, muß man hier immer rechnen), Mama oder Papa, aber das ist mir fast zu zivil, zu familiär, auf diese Art angebetet kann ich mir eine Mutter gar nicht denken, das ist ein Herrscher, der Kommandant der Heerscharen, ein unbürgerlicher, militärischer Gott, ein Vorgesetzter, zumindest Offizier.

Er ist erlöst; mit einem breiten Grinsen tritt er zu den Kameraden, Ledernacken, ausrasiert, kurzgeschoren, austauschbar trainiert, die Photoapparate über den T-Shirts, Amerikaner.

Die Sache ist geregelt und erledigt.

Oder doch nicht – nur bis zum nächsten Mal – ganz und gar nicht, nie?

Dumpf, unerlöst, verwirrt, das Grinsen; dumm, er weiß es selber; es ist Dummheit, die Verwirrung, Angst, die ihn immer wieder in die Knie zwingt, über die Kirchenbänke schmeißt, ihm die Finger ineinander krallt, die Arschbacken zusammenpreßt, die Nackenmuskeln spannt, das Fallbeil der Angst im ausrasierten Nacken und im Kopf nur Leere, so daß er nichts versteht; nur das Gestammel der Angelologie, Wörter nur, die Engel, unfaßbare Männer, und mit den Wörtern kennt er sich nicht aus, die Wörter bringt er durcheinander, stotternd, ohne Stimme, tonlos, mit den klaffenden Lippen dieser unverheilten Wunde im Gesicht.

Nur Muskeln, Fleisch der Rest; Körpersäfte, die die Angst ihm aus den Poren treibt, wenn es kommt, ihn umwirft, vornüberlegt, zusammenkrümmt.

Der bekannte Torso – von Winckelmann gefeiert, von Goethe, trotz der beklagenswert zerstörten Epidermis, sehr gerühmt – nicht in der Kirche aufgestellt natürlich, sondern ausgestellt im nahen Museum, vorchristlich, heidnisch, antik.

Den klassizistisch lasziven Jüngling, denke ich halb geil und halb erschrocken (über diese plötzliche Erregung, die aus irgendeinem Dunkel hochkommt, im spärlichen Schatten meiner Säule), braucht man wenigstens nicht ernst zu nehmen, als Bedeutungsträger unseriös, aus einer schon zivilen, ziemlich bürgerlichen Zeit, berechnet von den gepflegten Zehenspitzchen zu den frisierten Löckchen, auf Hochglanz poliert die Epidermis, gesalbt, geölt, zum Lächeln eigentlich, ohne Schmerz und ohne Schreck.

Die Märtyrer sind zeitgenössisch; mit Stacheldraht gefesselt, an den Füßen aufgehängt, den Schädel zertrümmert, aufgeplatzt die Brust; die Taube des Friedens, oder der Heilige Geist, stirbt in den Krallen eines militaristischen Adlers, oder einer klugen Eule; die Päpste auf dem anderen Flügel der Bronze-Tür, die immer offen steht, hocken da wie fette Geier. Eine glanzlose, diskrete Tür, die nur beachtet, wer stehenbleibt und zögert, noch nicht ganz blind vor Angst (oder Erregung).

Der andere könnte genausogut ein Teufel sein, falls der dumme Junge auch noch an den Teufel glaubt, er würde es nicht merken.

Der Teufel ist der andere, immer.

Zeitgenössische Martyrien sind unzweideutig.

Der Knappe, der den Papst bewacht, ist echt, trotz der historischen blauen Landsknechtuniform; strahlend, bäurisch, blond, womöglich ein Innerschweizer, etwas versteckt in der Einfahrt hinter dem offenen Gittertor, aber plötzlich unübersehbar, kein Torso, sehr aufrecht und breitbeinig stellt er sein viel zu knapp verpacktes Fleisch zur Schau, eindeutig, auch sein Blick, ein aufmerksamer Wächter.

Umwerfend; auf den Knien möchte ich das Fleisch aus dieser historischen Verpackung knöpfen, damit es in voller Größe aufersteht, und anfangen zu stammeln, wortlos, mit der Zunge.

Aber das geht ja nicht, das kann nicht wahr sein, eine Täuschung, nur ein Bild aus einer anderen Zeit, nicht einmal historisch, historisierend die Uniform, stilisiert, als Landsknecht, eine mythische Figur, zum Anbeten.

Wegräumen! Aus dem Verkehr ziehen! Auswechseln! Das ist doch unerträglich, denke ich und flüchte, denn wahrscheinlich sind hier *alle* so, austauschbar.

Figuren, die mich aus der dunklen Wand heraus anspringen, einen Augenblick lang leuchten und verlöschen.

Spada heißt der Knabe da und dort in kunstgeschichtlichen Quellen, ein zweifelhafter Spitzname; leuchtender als den Berufenen trifft das Licht, das von der lässig rufenden Hand des dunklen Erlösers ausgeht, ihn, der nicht folgt, nichts begreift, sich bloß ein wenig reckt, in der Vorfreude auf irgendeine Abwechslung, die der Auftritt des Unbekannten in der Wechselstube bringt, schon tänzelnd mit den Schenkeln, sprungbereit, wie sein ebenso keckes Gegenüber.

Beides Haudegen, doch man müßte den Spitznamen in den Diminutiv setzen können; das Gesichtchen, unter dem Federhut, hübsch, unberührt von irgendwelchem Denken, von nichts gezeichnet, kommt öfters wieder vor, auch an der anderen Wand der Seitenkapelle, im Hintergrund, mit einem raschen kühlen Blick über die eigene Schulter, unbeteiligt, nein, damit hat er nichts zu tun, mit dem Martyrium da will er nichts zu schaffen haben. Ein Bravo, aber nicht sehr tapfer (wie man das Eigenschaftswort heute gebrauchen würde), kühn (wie man damals sagte), halbadelig, ein Herumhänger, ein Playboy, ein Spielbub; ein vibrierendes Florettchen, noch kein rechter Haudegen, hier.

Keine Frauen; nicht in der Berufung links, nicht im Martyrium an der rechten Wand; ein Handgemenge unter Männern, eine Verwirrung knapp verpackter Schenkel unter dem Tisch, dem ein Tischbein fehlt, damit man diese prallen Schenkel tänzeln sieht, während noch die Zeitmaschine summt und tickt – ein Kind, das schreit – der nackte Mörder in der Mitte – der Rest ist wieder weggeräumt, mit einem dumpfen Knall, im Finstern.

Man kann es nicht mit *einem* Blick erfassen und begreifen, in *höchstens* zwei Minuten.

Ich warte nur noch, bete längst nicht mehr. Auswendig gelernt habe ich natürlich das Vaterunser, wie jeder Christ, nichts anderes, als Protestant, doch auch das brächte ich nicht mehr zusammen.

Sehr familiär, zu familiär. Vater, Sohn, hier noch diese Mutter Gottes, Brüder, Schwestern. Familiär war mir das nie. Martyrien gab es in meiner Kindheit nicht. Keine Heiligen. Engel nur an Weihnachten, geflügelte Kindsköpfe, aus der Papeterie Fischer & Memmel an der Schifflände, zum Aufkleben. Ein Kindermärchen unter dem Weihnachtsbaum. Keine

Passion, nur Fisch, am Freitag, weil es am Freitag beim Traiteur die besten Fische gibt, das ist gesund, Fisch, einmal in der Woche, wegen dem Phosphor, für das Gehirn, dann kann man besser Wörtchen büffeln. Ostereier, unverdaulich. Einen Hausaltar, tatsächlich, auf einer Hopfengärtnerkommode, zwei Silberkandelaber aus dem achtzehnten Jahrhundert (die Meistermarke habe ich vergessen), ein chinesischer Bettelmönch aus Elfenbein, eine Suppenschüssel aus der besten Zeit (Böttger, immerhin ein Alchemist), und darüber eine bulgarische Ikone zweifelhafter Herkunft, wahrscheinlich Kunstraub. Schlecht erhalten. Den Teufel kann man gerade noch erkennen, rot, in die gelben Flammen gestoßen von einem unbestimmten Ritter, in der sogenannten guten Stube, die man standesgemäß entweder Wohnzimmer oder, noch besser, Salon nennt. Kein richtiger Altar natürlich, niemand kniet und keiner betet, ein Stilleben aus Erbstücken, die man um Himmels willen nicht zerschlagen darf, vor allem nicht die Suppenschüssel, obwohl dem Böttger die Farbe noch nicht ganz gelungen ist, ein merkwürdig blasses Blaurot, ein mißglücktes Mauve, wie verregnete Digitalis, mäßig herzkrank, wäßrig lila, keine Trauerfarbe.

Nichts als familiär, eine Art Ahnenkult, fast chinesisch, wegen dem Bettelmönch, aber kein Kult eigentlich, eher Tradition, nicht einmal protestantisch, nur puritanisch, spätbürgerlich, helvetisch, mitteleuropäisch.

Für mich blieb es ein Altar, wegen dem Teufel.

Aus der Dunkelheit kommen die Plagegeister, mit diesem Geruch nach abgestandenem Wasser, Irrlichter der Angst, ohne familiären Grund.

Der andere – der nicht kommt.

Eine Andeutung; eine fremde Anwesenheit, kein Gesicht, kein Bild, wenn die Zimmerwände plötzlich wegrücken, die Zimmerdecke wegkippt, der Nachtraum in das sogenannte Wohnzimmer einströmt, mit den Schauern der Erregung, diesem Frösteln, heiß-kalt, während die erwachsenen Familienmitglieder zwischen den Stilleben aus Erbstücken, Nippessachen, Suppenschüsseln ins leere Weltall abdriften, auf ihren Liegen Kreuzworträtsel lösend, erstarrt für diesen Augenblick, wie Sargfiguren auf den römischen oder etruskischen Sarkophagen in den Museen.

Es gab noch keine Flecken in den Hosen.

Ein Augenblick, der alles wegräumt, für unbestimmte Dauer, unfaßbar, nicht festzuhalten; das Auseinanderbrechen der Zeit, die Pendulen stehen still, die Uhrzeiger springen, eine andere Wirklichkeit öffnet sich, verschließt sich wieder, der andere kündigt sich an, entzieht sich, kommt nicht, nie.

Es könnte genausogut der Teufel sein, rot, aus den gelben Flammen. Real, Teufel, waren die anderen Knaben, Plagegeister, alle realen anderen sind Plagegeister, Teufel.

Ein entsetztes Kind, das im Nachtraum, während die Möbelstücke ins Unendliche wachsen, die Zimmerwände sich auflösen, allein auf der Insel des Bettes kniend, statt ordentlich zu schlafen, nicht mehr aufhören kann zu beten, keine familiären Gebete, anständig auswendig gelernt, sondern selbsterfunden, rhythmisch aneinandergereihte Wörter, Litaneien, Zahlenkombinationen, Kabbalistik, Wörter, Zahlen, zählen, bis es kommt, damit es nicht kommt, aber es kommt doch – ist krank.

Die Katastrophe. Der andere ist überall und nirgends faßbar, ein Bild wäre die Erlösung, doch Bilder sind Kunstgegenstände, Erbstücke, nichts zum Anbeten; in den dunklen Winkeln, in der Nacht, in Hauseingängen, Hinterhöfen, hinter Hausecken, auf dem Schulweg lauert der andere, der angebetet sein will, sogar auf dem Klo, so traut das Kind sich nicht mehr auf das Klo.

Die Katastrophe, der andere, ist in mir; da kann man nur noch kotzen oder beten.

Die Katastrophe bin ich, weil die Katastrophe in mir ist, diese fremde Kraft, die nicht nur mich wegräumt, wenn es kommt, sondern alles, Stillleben, Zimmerwände, Hausdächer, Baugerüste, Dachdecker fallen von den Dächern, Bauarbeiter von den Baugerüsten, Autos stoßen zusammen, der Fluß tritt über die Ufer, die Brücken stürzen ein, Flugzeuge stürzen ab, täglich, überall, wenn ich nicht bete, bin ich schuld.

Ein Kind – klein noch für sein Alter, schwächlich – das keinen statischen Berechnungen, keinen Naturgesetzen, keinen kausalen Schlüssen, keiner Logik, keinen Erklärungen mehr traut, das nichts Vernünftiges mehr lernt, nur noch betet oder kotzt, Erbstücke für Kultgegenstände hält, Kommoden für Altäre, die anderen Kinder für Teufel, die Erwachsenen für Sargfiguren, Turnhallen für Folterkammern, sich selber für eine Katastrophe, die Katastrophe, Ursache aller Katastrophen, ein Monstrum, das nur stört, der Käfer, das Kind, das die Verwandlung kennt – ist sehr krank, mindestens neurotisch, womöglich psychotisch.

Beziehungswahn; Religionswahn; Zwangsneurose, Angstneurose.

Zum Teufel mit den Wörtern.

Doktor Baum wohnte am Rande eines Stadthügels, den eine Senke vom nächsten Stadthügel trennt, im vierten Stock eines modernen Miethauses, mit großen quadratischen Fenstern, nicht weit von meinem Elternhaus entfernt, ich konnte zu Fuß gehen; nach einer breiten Straßenkreuzung brach die Häuserzeile rechts ab und wurde von einer schmalen Grünfläche abgelöst, kümmerlich gelb wie alle Grünflächen in meiner Vaterstadt, die erst vor dem letzten Haus ein bißchen verwilderte, entfernt parkähnlich, ungepflegt, mit alten Bäumen; das blaue Verkehrszeichen mit dem weißen T-Balken darauf zeigte den Autos an, daß sie am Ende wenden mußten: Hinter Dr. Baums Praxis begann der Bauplatz, gelbe Baumaschinen, die den Hügel bis in die Senke hinunter entblößten, für eine mehrspurige Umfahrungsstraße, an der man damals baute und die inzwischen, über einen breiten Viadukt führend, längst beide Hügel miteinander verbindet.

Schon damals bezeichnete sich kaum noch einer von Dr. Baums Collegae auf dem Messingschild neben der Haustür als Spezialist FMH für *Nerven- und Gemütsleiden.*

Der großgewachsene, vollkommen kahle, noch verhältnismäßig junge Mann, den ich, wäre ich ihm zufällig begegnet, für einen Kybernetiker gehalten hätte, hörte mir, schräg hinter seinem Schreibtisch sitzend, den Rücken dem Fenster zugewandt, den Kopf in die Hand gestützt, mit geschlossenen Augen zu, nachdem er mir eine Frage gestellt hatte. Manchmal kippte langsam, wie in Zeitlupe, hinter seinem Rücken lautlos ein Baumwipfel aus dem Rahmen des Fensters, gefällt von den unsichtbaren Baumaschinen.

Dr. Baum öffnete die Augen und machte sich eine Notiz, in großzügiger, gut lesbarer schwarzer Filzschreiberschrift, auf weiße DIN A 4-Blätter, während er halblaut, als müsse er es sich selber diktieren oder als wolle er, daß ich ihn gleich korrigiere, wiederholte, was ich geantwortet hatte und was er aufschrieb.

Ich bin aufgeklärt, sagte Dr. Baum langsam und wartete, einen Augenblick lang, über sein Blatt gebeugt, auf sexuelle Einzelheiten, bevor die Augen wieder schließen würde, um aufmerksam zuzuhören, doch da kam nichts, keine Einzelheit, keine Aussage, die er hätte protokollieren können, in seinem Protokolldeutsch, aber mit meinem Ich als Subjekt, als hätte ich sie nachher unterschreiben müssen; ich brauchte hier nichts zu unterschreiben.

Dr. Baum legte mich auf seine Couch, mit dem Kopf zum Fenster, hieß mich die Augen schließen und fing nun von selber an zu sprechen.

Da war ich schon eingeschlafen. Dr. Baum klatschte in die Hände.

Ich betete nicht mehr.

Wegen des hippokratischen Eides bekam Dr. Baum regelmäßig zu Weihnachten von meinem Vater einen Freßkorb, mit Champagner, Kaviar, Gänseleber, einige Jahre lang, während er nicht aufhörte, mich einmal wöchentlich, kollegial und daher kostenlos, zu entspannen und gelegentlich nach Einzelheiten zu fragen, beharrlich, aber behutsam.

Da kam allmählich schon etwas mehr.

Ich betete jedenfalls nicht mehr so oft; nicht mehr so auffällig; nicht mehr so störend, und lernte, ziemlich fleißig, Wörtchen. Doch in den Schulferien wenigstens, da stört es ja nicht, wollte ich ins Kloster, in ein richtiges, kein protestantisches, nicht zur Entspannung.

Für Übungen, wie es heißt; Exerzitien; die Absolution wollte ich, die Transsubstantiation, Loslösung und Verwandlung, wie ich es verstand, das andere wollte ich.

Große Wörter, die mir sehr fremd geworden sind, wie Berufung und Martyrium.

Kunst, bloß Kunst, denke ich; es kommen immer wieder Leute, die auch für mich bezahlen, Kulturtouristen meist, aber auch einheimische Schulklassen, die sich alles erklären lassen müssen, kunsthistorisch, mit gedämpfter Stimme, wie es sich gehört.

Es ist im Grunde einfach – der Einbruch des Unbekannten in eine alltägliche Gewohnheit, in ein Ritual, eine Störung des Geldzählens, Feilschens, Wucherns, in der Berufung an der linken Wand, durch die Erscheinung des sogenannten Erlösers, der bis auf das Gesicht im Dunkeln bleibt, ein feingeschnittenes, asketisch männliches Gesicht, ein schöner, herber Erlöser.

Doch seltsam schön ist auch die Erscheinung der Gewalt, an der anderen Wand.

Ist der Schrei des Knäbleins, dargestellt aus der Sicht des erwachsenen Erzählers, überhaupt noch ernst gemeint?

Der Vater, ein aufgeklärter Diagnostiker, fand es gar nicht lustig, seinen fünfzehnjährigen Sohn in einem bayrischen Benediktinerkloster abliefern zu müssen, als übergäbe er ihn den finsteren Mächten des Irrationalismus, wohl eigene Kinderängste des Vaters. So verband er diese peinliche Ablieferung mit einer gemeinsamen Kunstreise, zu den Barockkirchen Bayerns, die auf dem Weg lagen und kunsthistorisch berühmt sind. Doch lange hielt es der Vater in den Kirchen nicht aus, eigentlich überhaupt nicht, diese Kirchenbesuche glichen eher einer Kirchenflucht, denn kaum hatte man eine Kirche betreten, hatte man sie auch schon gesehen.

Sonst kommen wir nie ins Kloster, es gibt hier noch so viele Barockkirchen zu sehen.

Helle Kirchen, viel Gips, viel Himmelblau in den bemalten Lunetten, viel Vergoldung, Fleischfarbe, Samtrot, üppig, sinnlich, lustig verspielt, viel zu viel. Als fürchtete er, der Gips könne plötzlich anfangen zu bröckeln, schaute sich der Vater gehetzt um, ohne überhaupt den Versuch zu machen, herauszufinden, was Architektur, was Malerei sei, von den optischen Täuschungen bloß verwirrt, ohne Sinn für das Gesamtkunstwerk, das es damals, zu Beginn der sechziger Jahre unseres Jahrhunderts, eigentlich auch noch gar nicht gab, als Wort, weder im Bewußtsein des Vaters noch des Sohnes.

Lebenslust aus bemaltem Gips, kaum mehr kirchlich.

Immer schweigsamer, stumm eigentlich von Anfang an, fuhren Vater und Sohn, von Barockkirche zu Barockkirche eilend, im sportlichen alten Studebaker ins Kloster; dort ging ihm die Luft aus, gleich nach der Einfahrt, hinter dem Gittertor, auf den Pflastersteinen des Klosterhofes, dem linken Vorderreifen.

Der Vater fürchtete wohl, selber hier zu stranden, in diesem Vorhof, bei den Bayern, mit ihren Barockkirchen, ihrem Bier, ihren Weißwürsten, die er ganz und gar nicht mochte, so machte er sich sofort an die Arbeit, in Panik, wie immer, wenn der Studebaker in Gefahr war, ohne sich noch um den Sohn zu kümmern, der ihm ohnehin nicht helfen konnte, ungeschickt im Umgang auch mit Automobilen.

Plötzlich, während er sich noch auf den Knien abmühte, stand mit ausgestreckter Hand ein Abt vor ihm, dem Vater, der noch nie vor einem Abt gekniet, überhaupt Mühe hatte mit dem Knien, wegen eines alten Meniskus, den er sich bei der Achtungstellung im Militärdienst zugezogen – doch nun kniete er und konnte die ausgestreckte Hand nicht nehmen, zur Begrüßung, die zugleich der Abschied war, denn seine Hände waren schwarz vom Pneu.

Verwirrt flüchtete Vater, mit durchgehend hundertsechzig auf der Autobahn, in seine frankophile, humanistisch-protestantische Vaterstadt Basel, heim.

Es war nicht finster; moderne Gästezimmer, für die Klosterbrüder auf Zeit, nüchtern wie in allen ökumenischen Begegnungsstätten, fast zu weiß und kahl, ohne Bilder, keine Zellen. Still und ländlich, eine schöne Gegend. Schweigestunde, einmal täglich. Geistliche Betrachtungen des Abtes, im modernen Tagungsraum, ökumenisch eben, gütig und vernünftig. Miteinander reden, im Klostergarten, zwischen Kräuterbeeten, gehend, auf dem schmalen Kiesweg, gerade breit genug für zwei, so ging das eine Pärchen rückwärts, wenn vier Mönche miteinander reden wollten. Sie kannten doch die Weglein in dem Gärtlein blind, so stolperten sie nie, während sie miteinander redeten, über Botanik und Theologie.

Miteinander Beten war hier eher Singen, frühmorgens schon, zu festgelegten Zeiten, festgelegte Litaneien, die die anderen auswendig wußten, während ich der Spur nach mitbetete und sang, ohne den Text genau zu kennen, austauschbar gleich gemacht in dem Mönchsgewand mit der Kapuze, die nur wenig vom Gesicht freiließ, als dürfte man einander vor Gott nicht erkennen. Als käme es auf den einzelnen hier nicht an, auch nicht so sehr auf den Text, eher auf den Tonfall, auf den Chor.

Das war nicht mehr ökumenisch; ein dunkler Chor, eine düstere Kirche, nicht barock, älter, gotisch. Kein Bild, keine Person, der Gott, keine Nähe, eine ferne Macht, die fern blieb, abstrakt, zwischen kühlen Steinwänden beschworen von dem Chor schwarzer Kapuzenmänner, die für diesen Augenblick der Beschwörung nicht mehr aussahen wie Männer, fremd.

Menschlich waren die Stimmen, eigentlich nur eine einzige Stimme, die keinem Körper mehr gehörte, nur dem Text diente, den ich möglichst leise mitbetete, um den geübten Chor mit meiner ungeübten Stimme nicht zu stören, klein, als der Jüngste, zwischen den schwarzen Stoffsäkken ringsum, die alle größer waren, nur noch Stoffsäcke, während ich schrumpfte, unter der Last, verschwand, im Chorgesang, der anschwoll, hallte, an mir zerrte, mit einer fremden Kraft, als würde ich weggeschwemmt und könne mich doch nicht gehen lassen, es riß an mir, ohne Grund.

Plötzlich, während ich so sang, bemüht, der gemeinsamen Stimme zu folgen, der Spur nach, spürte ich, daß es mir kam, unaufhaltsam, so plötzlich, daß ich nicht mehr weglaufen konnte und es kommen lassen mußte, wie es kam; es lief mir schon das Hosenbein herunter, körperwarm an den Innenseiten meiner Schenkel, tröpfelte auf den Holzboden der Kirche, bildete dort eine Pfütze, einen kleinen See, unsichtbar unter dem Mönchsgewand, unhörbar in dem Chorgesang, doch ich spürte, wie es rauschte und aus mir herauslief, mit dem stechenden Schmerz meiner fünfzehnjährigen Verhaltenheit, der Scham.

Ich beichte längst nicht mehr.

Wie ein Geldwechsler hockt der weiße Mönch als Halbfigur hinter seinem Schalter, über dem ein rotes Lichtlein brennt, und feilscht mit einer weltlichen Zivilperson, die eine Aktentasche trägt; Geldscheine wechseln die Hand, wahrscheinlich Hunderttausender (als könne man dafür alles haben, gegen große Scheine oder gegen Kleingeld, sogar die Votivkerzen sind elektrisch) – während ein schmaler, urbaner junger Mann an der Marmorsäule lehnt, als solle sie ihm helfen, die Last seiner Schuld zu tragen, schwer wie das dunkle Kirchengewölbe, bis das Geschäft abgewickelt ist und er sie los wird.

Eine Silhouette wie in Bahnhofshallen; den Absatz am Sockel eingehängt, mit vospringendem Knie, das Standbein durchgedrückt, die Arme vor der Brust verschränkt, den Kopf gesenkt, so daß eine Haarsträhne ihm in die Stirne fällt, den Blick verbirgt, die Augen.

Mit solchen Augenblicken, unter Haarsträhnen hervor, kann man lokken, schießen, zielsicher, scharf, ohne jede Kopfbewegung und ohne Lächeln, finster.

Ein Blick, der die Scham preisgibt, zur Verletzung, gegen Geld.

Nahe setze ich mich auf ein Kirchenstühlchen, am Rand, neben der anderen Säule.

Doch er schießt nicht, hält den Blick gesenkt, gibt sich nicht preis (zum Abschuß eigentlich, als Beute, auf einer fürstlichen Jagd, das beste Stück dem Gast, sprachgeschichtlich erst sehr viel später auch reflexiv möglich, sich selber einem andern).

Zum Teufel – mit den Assoziationen.

Im Hintergrund, hinter der Schattengestalt, leuchtet irgendein Kirchenprunk, warm, wie aller Goldglanz, abgesperrt durch ein Gitter, wie jeder Tresor, unzugänglich.

Ich denke doch überhaupt nicht mehr daran, zu beichten; aber es scheint eine Lust zu sein, eine eigentümliche Lust, die Lust, schwach zu werden wie ein Kind, sich fallen zu lassen unter der Last, die erwachsene Scham preiszugeben und sich bloßzustellen, sich zu schänden. Es herrscht Hochbetrieb in der langen marmornen, aber halbdunklen Basilika dieser Marienkirche, in der aus allen Winkeln verhalten, warm der Prunk der Päpste glänzt; in jedem Häuschen, der Wand entlang, unter dem kleinen roten Licht, hockt als Halbfigur ein leuchtend weißer Mönch, eine fette Kreuzspinne, die in ihrem Netz wartet, auf dürre schwarze Bettelnonnen in Sandalen, die als krumme Schatten lautlos durch das ganze Kirchenschiff hinter die samtroten Vorhängchen huschen.

Das allerdings sieht gar nicht lustvoll aus, bloß zwanghaft, als gehe von diesem Lilienweiß eine schlimme Magnetkraft aus.

Sünden? Verschämte, heimliche Gedanken, aus den letzten dämmrigen Ecken eines frommen, selbstlosen Lebens zusammengekratzt aus schierer Putzwut, Ärgeres können die nicht beichten; an dem düsteren, großstädtischen jungen Mann ist mehr dran zum Entblößen, für den weißen Mönch.

Eine weltliche, mindestens zwanzigjährige männliche Scham, dunkles Gestrüpp.

Ich möchte etwas davon riechen.

Es sind doch nur Wörter, ziemlich formelhaft, soviel ich weiß; das Gesicht bleibt unkenntlich hinter dem Holzgitter; die Strafe (vornehm Buße genannt) ist bloß Latein.

Ave Maria, Pater Noster.

Beichtvater und Beichtkind.

Plötzlich, angesteckt schon, kann auch ich mich gegen diese doppelte, unangenehm zwiespältige Anziehungskraft nicht mehr wehren, auf dem äußersten Rand eines Kirchenbänkchens sitzend, neben einer seit Jahrhunderten geduldig tragenden Marmorsäule, im Halbdunkel, einem anderen Holzhäuschen gegenüber, das noch halb zu ist, während ich diesen halben Mönch anstarre, wie ein halb zugeklapptes Altarbild – als wollte ich den Allmachtswahn der Absolution geradezu herausfordern.

Lange brauche ich hier nicht zu starren; schon klappt der potentielle Beichtvater auch das zweite Türchen auf und ist ganz Halbfigur, ohne Unterleib, wie es sich für eine sogenannte Halbfigur gehört, ein Brustbild, leuchtend rein, strahlend fett, freundlich gütig, väterlich, begierig, sofort auch mich, als Kind, zu absolvieren.

Ich kenne doch die Formeln gar nicht; nur die Litanei der Entspannungsübungen habe ich gelernt, reden, analytisch Träume deuten, mit Hilfe der Assoziationstechnik, oder erzählen.

Alles Beichten; preisgegebene Scham, in der Hoffnung auf die Absolution.

Nein. Nein, nein – lustvoll, schadenfreudig, lasse ich dich so strahlen und bleibe einfach sitzen, im Dunkel der geduldigen Säule, auf meinem Bänkchen, lächelnd, stumm.

Die Stimme weckte mich in meinem Winkel, als würde sie mich rufen. Eine sichere, klare Singstimme, aber hallend, aus dem Kirchenraum, von irgendwoher, nicht zu lokalisieren, sehr nah, unfaßbar. Intim, aber für alle, die Stimme ruft nicht, niemanden, sie füllt den Raum mit Text, monoton, auswendig hergesagt; ein Text, den alle kennen, keine Beichte, keine Botschaft – Liturgie, verbreitet über Lautsprecher, die die Stimme verstärken und sie über alles Persönliche hinausheben, als wäre der Text, dem die Stimme dient und mit dem sie in diesem Augenblick des Sprechens identisch ist, der Text ist nichts als Stimme, allgemeingültig, für alle und für immer, wichtig.

Jeder muß hinhören; der Heilige Text; doch seit wann gibt es hier Priesterinnen?

Keine Kinderstimme; sehr erwachsen, vollkommen ernst, fest, rein, überzeugend, kraftvoll, ohne Anstrengung und Mühe.

So hat man sich den Engel vorzustellen, nach thomistischer Angelologie.

Doch der Hall verlieh der Stimme Körper; dunklere Klangfarben schwingen in diesem Hall allmählich mit, ein anderer, noch unbestimmter Klangraum, unterirdisch, wie eine Krypta, weit, aber verwinkelt, ein Labyrinth, in dessen Sackgassen, Nischen, Winkeln die Stimme widerhallt und die Klarheit sich verliert, mit der Möglichkeit des Absturzes, in die noch unvermessenen Tiefen eines anderen Klangkörpers.

Noch ungebrochen, doch die Stimme weiß es schon, alles, im voraus, unausweichlich; die Ernsthaftigkeit, die Überzeugungskraft, ist Trauer, verhaltene Angst.

Ich bin ein hoffnungsloser Protestant; es gibt doch nichts Vollendeteres, Heiligeres und Entsetzlicheres als das Gesicht eines Knaben auf dem Höhepunkt seiner Kindheit, kurz vor dem Ende.

Das richtige Wort fiel mir erst ein, als sich die tiefe Priesterstimme respondierend einmischte, als andere Möglichkeit, der Bruch im Text, Dunkel und Hell, als Wechselspiel.

Bei dieser metaphysischen Transsubstantiation müssen die Frauen naturgemäß noch fehlen. Die fangen plötzlich an zu bluten, echt.

Die Erscheinung der Gewalt ist seltsam schön.

Das Knäblein, das sich nicht entschließen kann, aus der Bildmitte wegzulaufen, halb abgewandt, halb umgewandt, im Schrei erstarrt, mit flatterndem weißen Gewand, eine eindeutig noch manieristische Randfigur, ein Ministrant, ein Kind noch, zierlich, in seiner tänzerisch verspielten Pose, ohne Bodenhaftung, als wolle es sogleich davonfliegen, ist nicht Ausdruck des Entsetzens, es hat sich bloß erschrocken, bei einem verbotenen Anblick, ohne zu begreifen, was geschieht, so will es unwillkürlich mit der Bewegung seines ganzen Körpers nichts als weg von hier, in den dunklen Hintergrund seiner Kindheit, in den Mutterbauch zurück, doch schon hat es zuviel gesehen, es kann nicht mehr wegschauen, nie mehr.

O – sagt das Kind, es schreit nicht.

Eine intime Szenerie, und schrill, so plötzlich aufleuchtend, daß es einen anspringt, wenn einer Münzen in den Schlitz wirft und die Maschine zu summen und zu ticken anfängt, eine Zeitbombe; still in sich geschlossen, fast wie durch ein Schlüsselloch gesehen; kein monumentales Wandgemälde, eher kleinräumig komponiert, aber zentrifugal, explosiv;

ein Aufruhr in einem unbestimmten Raum, in den von irgendwoher plötzlich Schlaglicht einbricht, nicht das Licht Gottes, Luzifers Licht.

Eine merkwürdig finstere Leuchtkraft.

Auch der Vordergrund ist dunkel; alles geschieht auf engstem Raum, zwischen Bühnenwand und Rampe, ein Gedränge, vor dem Johanniterkreuz, von Rauch umwölkt.

Der Ruß der Hölle, der den Altar verschmiert.

Das Taufbecken (der Orchestergraben) ist zum Grab geworden, Abgrund, in den allesamt zu stürzen drohen – und nie stürzen können, in den Abgrund der realen Welt, der Kirche.

Täuflinge, brutal gestört beim Ritus ihrer Initiation; verängstigt drängt sich der nackte Mann am Rand hinter den Rücken eines anderen nackten Mannes, als wolle er sich keusch verstecken, und zeigt so, leuchtend von der hochgezogenen Schulter an die ganze Flanke abwärts, dem Betrachter aufdringlich seine erwachsene Hinterbacke, vom Licht im Dunkel plastisch modelliert.

Barock anal; auch der kleine Engel, der sich mit dem Palmzweig des Heiligen Martyriums gefährlich weit über sein Wölkchen vorbeugt, auf das er sich ängstlich abstützt mit der Hand, noch nicht recht flügge, verdreht und windet seinen Körper derart manieristisch und manierlich, daß er dem Betrachter seinen knabenhaften Hintern präsentiert, im Halbdunkel zwar, aber deutlich gespalten, nackt, griffig, greifbarer schon als das erschrockene, noch flatterhafte Kind.

Das sieht ihn nicht, den Tröster-Engel mit dem Zweiglein, es sieht nur diesen mörderischen Griff, der zugepackt hat, das Handgelenk nie mehr losläßt, endgültig den Griff nach jeglicher Tröstung zu verhindern.

Der Mörder macht mich richtig geil.

Erregt vom Wirbelsturm der Wut, im Zentrum der Szene und des Lichtes, holt er soeben dazu aus, dem alten Heiligen, *allem* Heiligen (und allem Alten), mit seinem Schwert den Todesstoß zu geben, heidnisch nackt, die Schlaufe des keuschen Lendentuches in der Form eines zwar stilisierten, aber enormen Penis, rücksichtslos schön, mit hübschem Lockenkopf, vom Stirnband nicht zu bändigen, die Nüstern bebend, mit wildem Mund und einer liebevoll gemalten, fleischig spitzen, steifen Brustwarze.

Man könnte damit spielen – über die hölzerne Abschrankung der Seitenkapelle gebeugt, solange noch die Höllenmaschine der Beleuchtung tickt, die andere in Gang gesetzt haben, die auch so andächtig an der elektronisch gesicherten Barriere lehnen – wie Hans Henny Jahnn, der anhand der Brustwarzen seiner Leichtmatrosen erbgeschichtliche Rückschlüsse auf die Beschaffenheit der Brüste ihrer Urgroßmütter zog – Zitze der Mutterbrust wenigstens, weiblich, weich, wie die barocken Hinterbacken, während das Schwert phallisch wäre – der alte Heilige in seinem blutbeschmierten Bischofs-Ornat, zu Füßen des erregten Sohnes hingestreckt, der Vater, der gemordet wird; wollte man das Martyrium wie einen Traum, in Freud'scher Art, als Bilderrätsel lesen, psychoanalytisch (den amerikanischen Kunsthistorikern folgend, aber etwas weniger verschämt), als Vatermord und Initiation, mit einer transplantierten Mutterbrust.

So geht alles Heilige zum Teufel, rettungslos.

Angewidert wie von saurem Aufstoßen ist er selber, in der Gestalt des Königs, der den Mord angezettelt, das Martyrium inszeniert hat, im hintersten Winkel, abgewandt schon (wie als Kind im Vordergrund), als wolle er sich wegstehlen, mit den Kumpanen, in die Zerstreuungen der Nacht, inzwischen groß geworden, kein kleiner Günstling, halber Strichjunge mehr, erwachsen endlich – doch er kann nicht, wegschauen kann auch er nicht, für immer angewidert, ein Finsterling mit Schnauz und Kinnbart, voller Ekel, nicht abgefeimt genug, so kühl, gelassen, kalt, wie dieser andere, der Haudegen, dieser Spada, der schon weiter ist.

Komm, sagt der Spada, komm jetzt, und vergiß das.

Stefan Straub
Die leere Leinwand

Niemand wird mir einreden können, Gabriel sei ein Kranker gewesen. Verrückt war er, ja, zugegeben verrückt – Ehre für ihn, Anklage an jene, die nichts mehr zu verrücken wagen. Wir führten unser erstes Gespräch während eines Spaziergangs auf frosthartem Waldweg zu seiner Grotte, seinem Atelier in der Vorstadt.

Gabriel hatte gerade seine Wandlung hinter sich, sein neues Motto hieß: weg von den malbaren Gegenständen, weg von der Malerei, die nur die Körper ablichtet wie die Photographie... Oder meinst du, fragte er mich, der liebe Gott sprenge nicht alle Dinglichkeit?

Gabriel trug schon zu jener Zeit seinen roten Schal, dazu die schwarze, ausgebeulte Jacke und in der gleichen Farbe seine Hose. Nein, seinen Schal lasse er niemals aus den Augen, erklärte der Maler, er sei eine Art Gottesbeweis. Wenn Gott Zärtlichkeit sei, dann müsse er auch in diesem Schal wohnen – Gott im Schal, Schal in Gott. Und das Rot der Wolle habe seine feste Bedeutung. Rot sei die Farbe des Blitzes, und Gott sei Blitz, langer, ewiger Blitz, gleißendes Licht, ja, so sei Gott.

Gabriel, der Ikonenmaler, das war seine Meisterschaft. Heilige Bilder, Göttliches auf der Leinwand – mit nichts Geringerem gab er sich zufrieden.

Aber der Maler hatte eine Wandlung durchgemacht. In Fachkreisen sprach man von einem Bruch, kritisierte den Sturz in die Moderne. Denn die schönen Darstellungen Christi als des Herrschers über das All und als des leidenden Gottesknechts oder die leuchtenden Bilder großer Heiliger und Märtyrer fand man nicht mehr unter seinen bevorzugten Themen. Er malte von nun an keine Gesichter und Leiber mehr, statt dessen löste er alles auf, und oft genug blieb nichts übrig als ein gleichmäßiger Farbaufstrich, und ab und zu, ganz still, ein Kreis, ein Dreieck oder eine Linie.

Während wir weitergingen, strich Gabriel zärtlich über seinen roten Schal und erzählte von seiner Art, Ikonen zu malen.

Ich weiß nicht, ob du verstehst, aber es gibt stille Ekstasen. Immer bevor ich mit dem Malen beginne, warte ich ruhig vor dem Fenster der Grotte, schaue hinaus, manchmal lange, sehr lange, bis alles in mir wartet: ein einziges Warten auf das Große. Mein Körper, jeder Muskel ist gespannt, und dann ist plötzlich etwas da, etwas Helles, etwas, das mir meine Augen öffnet, das meine Hand führt und in mir malt. So einfach ist das, und ich fühle mich von Licht erfüllt, das tanzt in mir, und die Farben finden sich, als wüßten sie seit langem, wohin sie immer schon gehörten.

Der Maler war stehengeblieben, blies jetzt in seine kalten Hände, atmete tief, und sehr leise murmelte er: So benutzt mich Gott.

In seinem Blick lag etwas Unsicheres, als fragte er mich, ob die letzte Äußerung nicht zu vermessen sei. Nein, versicherte sich Gabriel sofort, Gott solle durch seine Malerei nicht herabgezwungen werden, ganz im Gegenteil. Gott sei es vielmehr, der ihn treibe, der ihn auch zum Verlassen aller Gesichts- und Leibformen gezwungen habe, ja, man könne nun doch von Zwingen sprechen, aber umgekehrt, Gott sei es, der zwinge. Am Anfang seiner Wandlung sei nichts anderes als dieser gewaltige Trieb gewesen, mit jeder Form zu brechen, und erst später, lange Wochen danach, als er schon in der neuen Weise malte, habe sich die Einsicht dazugesellt, daß für die Wirklichkeit von Leiden die reine Abbildung von Wunden eben nicht ausreiche. Jeglicher Realismus, rief der Maler laut, bedeutet Verrat an der Wahrheit. Leid ist immer mehr als Wunde. Meine Werke vor der Wandlung waren keine Gottesbilder, Irrlichter waren das, die den Betrachter blenden wollten. Gott lebte nur verzerrt in ihnen und zwang sich auf von oben, aber jetzt, vor meinen neuen Bildern, muß jedermann Gott in sich selbst lebendig machen. Und dabei legte er mit einer entschiedenen Handbewegung den langen roten Schal ein zweites Mal um seinen Hals.

Eine neue Art von Rausch komme jetzt über ihn, fuhr Gabriel fort, er versuche jetzt genau das zu malen, was er auf der Innenseite seiner Augenlider sehe. Bilder stiegen aus der Tiefe herauf und zwängen ihn in tiefe Trance. Strömende Zeichen bildeten sich um eine höhere Aussage wie Eisensplitter um einen Magnetkern. Es sei geradeso, als erlebe er, wie göttlicher Zufall sich in malbare Zeichen verwandle.

Gabriel lief die letzte Strecke sehr schnell, und ich hatte Mühe, seine Sätze zu verstehen. Jetzt standen wir vor der Grotte, einem turmähnlichen Glaspavillon mit einer großen Kuppel.

Gabriel sah mein Erstaunen und erklärte schnell, daß er kein kerkerhaftes Verlies meinte, wenn er von seiner Grotte redete, sondern so etwas wie eine Minnegrotte, in der alles strahle, und ich müsse schon verstehen, daß er, der Maler mit dem roten Schal, viel Licht benötige, deshalb die Glashöhle, die funkelnde Grotte.

Wir betraten eine Rotunde. Große Bilder hingen von der Kuppel herab. Wir blieben stehen vor einer Leinwand ganz in Gelb getaucht.

Die Gesetze der Farben sind andere als die der Mathematik, meinte

Gabriel. Wenn ich zum Gelb immer mehr Gelb hinzufüge, vermehrt sich das Gelb nicht, sondern verringert sich. Wer das einmal begriffen habe, der wisse um die Wirkung der Farben, und auf ein anderes Gemälde deutend, das einen Kreis, mehrere vertikale und horizontale Linien und ein Dreieck vor blauem Hintergrund zeigte, erklärte der Maler, daß er nun stille Gegenstände nötig habe, Dinge, die sich selbst zurückhielten und unbedeutend schienen. Selbst ein Apfel wäre schon zu laut. Natürlich seien die vielen gemalten Obstschalen leiser als eine Gewitterlandschaft, und eine Gewitterlandschaft wiederum stiller als hastende Menschen, aber schon ein einzelner Apfel auf samtenem Tuch mache zuviel Lärm. Deshalb habe er sogar den Apfel auf seine stillste Form, auf den Kreis, reduziert.

Oder sieh dir zum Beispiel diese vertikale Linie an, wie sie sich mit der horizontalen verbindet, das erzeugt einen ungeheuren dramatischen Klang. Oder wie klirrend sich das anhört, wenn das Dreieck mit seinem spitzen Winkel einen Kreis berührt! Das hat eine große Wirkung! Wenn du hören kannst, dann verwandelt sich die Stummheit und zeigt dir ihre Sprache, Sphärenmusik, so klar tönen die Linien, die Kreise, alle geometrischen Formen. Und himmlische Musik soll ja auch in ihnen sein, in diesen neuen Himmelsbildern.

Gabriel hatte zu Ende geredet, durchquerte den runden Raum, nahm einen riesigen Klöppel von der Wand und schlug heftig einen Gong an. Die Rotunde schien für Sekunden zu erzittern, die Bilder vibrierten leicht, und die gewaltige Schwingung setzte sich nach außen fort.

Der Maler legte jetzt seine Hand auf meinen Arm und flüsterte: Ich habe viel zu viel gesprochen, jetzt ist die Zeit des Schweigens angebrochen. Langsam führte er mich an eine riesige Bildfläche heran, deren Leinwand erst vor kurzem weiß grundiert worden war, und ließ mich damit allein.

Eine leere Leinwand, dachte ich, klein vor der riesigen Fläche stehend, bis sich in mir Gefühle und Gedanken zu einem Wort vermischten: Ur-Element. Leise, zunächst kaum hörbar, bildeten sich neue Worte, fanden sich Sätze, die das Bild anredeten, alles kreiste um das erste Murmeln: Ur-Element. Und ein Gespräch mit der Leinwand begann: Wie gewaltig deine Stille ist. Du hast nur dich, ewiges Weiß, und du erzählst in deiner Stille vom Lauten, daß es nur ein Teil des Ganzen sei.

Etwas aus der Leinwand schien zu antworten: Ich bin nicht wirklich leer, ich bin nicht wirklich schweigend, ich bin nicht wirklich stumm.

Ich weiß doch, gab ich zurück, ich fühle doch deine Spannung, deine Angst vor Vergewaltigung.

Und wieder sprach die Leinwand: Es ist wahr, ich tue gern, was man von mir verlangt, ich kann mich auch gar nicht wehren, ich bin ja leer und trotzdem voll von allen Möglichkeiten, ich bitte nur um Gnade, ich, die alles trägt.

Und wie ein großes Meer einen Versinkenden hinabzieht, so überwältigte mich jetzt die Bildfläche, und das große Ja des Bildes umgriff alles. Wenn Gott unendlich ist, dann mußte er so sein wie diese Leinwand hier, und ich wußte, Gabriel hatte das Urbild aller Ikonen gemalt.

Man kann mir sagen, was man will: Gabriel der Kranke, Gabriel der Verrückte. Ich glaube nichts von alledem. Wenn Gabriel verrückt war, dann bleibt es dabei – Ehre für ihn, Schande über die, die nichts mehr zu verrücken wagen.

Reiner Kunze
Durch die Risse des Glaubens

Der Himmel von Jerusalem

Mittags, schlag zwölf, hoben die moscheen
aus steinernen hälsen zu rufen an,
und die kirchtürme fielen ins wort
mit schwerem geläut

Die synagoge, schien's, zog ihren schwarzen mantel
enger, das wort
nach innen genäht

Zettel in den Fugen der Klagemauer von Jerusalem

Vielleicht, damit gott nicht vergißt

Damit er die angst
schwarz auf weiß hat

Ostern

Die glocken läuteten,
als überschlügen sie sich vor freude
über das leere grab

Darüber, daß einmal
etwas so tröstliches gelang,
und daß das staunen währt
seit zweitausend jahren

Doch obwohl die glocken
so heftig gegen die mitternacht hämmerten –
nichts an finsternis sprang ab

Pfarrhaus

Wer da bedrängt ist findet
mauern, ein
dach und

muß nicht beten

Brief aus Sachsen 1983

Sie trennen
die friedhöfe von den kirchen
das notwendige vom übel

Sie sind sich sicher
nur der toten

Möglichkeit, einen Sinn zu finden

Durch die risse des glaubens schimmert
das nichts

Doch schon der kiesel
nimmt die wärme an
der hand

Lothar Baier
An Paul Nizan

Nachdem du mich schon so lange in den Nächten verfolgt hast, war es höchste Zeit, daß du dich einmal bei Tageslicht sehen läßt, alter Paul.

Ja, du bist alt geworden, daran läßt sich nichts ändern, aber reden wir jetzt nicht darüber, denn ich weiß, daß dir das Thema unangenehm ist, ein französischer Bourgeois über vierzig, hast du einmal ausgerufen, sei nur noch ein Gerippe, und jetzt bist du weit über siebzig und siehst in deinem Rentneraufzug nicht gerade glänzend aus.

Wenigstens hast du dir in der Zwischenzeit diesen Blick ein wenig abgewöhnt, diesen Lehrer- und Prüferblick, vielleicht ist es auch nur die starke Brille, die ihn besänftigt, jedenfalls machst du es mir nicht schwer, dir ins Gesicht zu sehen, der übliche Schweißausbruch ist ausgeblieben.

Damit es übrigens keine Mißverständnisse zwischen uns gibt, schlage ich vor, daß das, was wir hier miteinander bereden, ganz unter uns bleibt. Es wird nicht an die große Glocke gehängt, daß du noch am Leben bist und nicht seit vierzig Jahren tot, es wird keine Interviews und Reportagen geben, kein Fernsehteam wird dieses gottverlassene Provinznest auf den Kopf stellen, in dem du diese stille Zuflucht gefunden hast.

So will ich dich jetzt nicht ausfragen, zum Beispiel nach deiner Meinung über die Welt von heute, obwohl ich sicher bin, daß du dazu eine Meinung hast, denn das Wochenmagazin, das aus deiner Jackentasche hervorschaut, hat mir schon verraten, daß du dich auf dem laufenden hältst.

Neugierig bin ich schon darauf, von dir zu erfahren, wie das mit dem Bomberabsturz dort oben in den Bergen war, und wie du es geschafft hast, dich in dem besetzten Land von damals in Sicherheit zu bringen, aber das kannst du mir erzählen, wenn wir die anderen Geschichten hinter uns haben.

Reden wir erst einmal unter vier Augen und vergessen wir die Öffentlichkeit. Die Umgebung hier ist ideal dafür, sie gehört schon nicht mehr in diese Zeit. Wenn du ein paar Straßen weiter über den kleinen Platz gehst, der nach deinem kommunistischen Freund Gabriel Péri benannt worden ist, tut es dir da nicht manchmal leid, daß du nicht, wie er, im Herbst 1939 die Zähne zusammengebissen und geschwiegen hast? Hättest du damals mit deinem Tod gewartet, hättest du dich wie Gabriel Péri heldenhaft hinrichten lassen und hättest du dich nicht gleich vor lauter Eile unter die gewöhnlichen Kriegstoten gedrängt, dann könnte die Straße, an der wir hier sitzen, rue Paul Nizan heißen. So aber heißt sie nur rue de l'hôpital. Sind die alten Kommunisten übrigens eingeweiht, die dort hinten ihr Bier trinken? Nein, sieh jetzt nicht hin, sonst werden sie nur unnötig auf uns aufmerksam.

Aber das Schweigenkönnen ist schon eine bewundernswerte Fähigkeit. Eine fast glückselige Existenz muß das sein, alles zu sehen und alles zu hören und zu allem den Mund zu halten. Oder bist du ganz einfach müde geworden, hast du es aufgegeben, im Kopf mitzuhalten, hat dir auch die Klugheit deiner Lehrer Machiavelli, Clausewitz, Michelet und Lenin nicht mehr geholfen, die Welt nach dem Pakt zwischen Stalin und Hitler zu verstehen? Es hat aber auch etwas Infames, das Schweigen. Wer schweigt, hat immer recht gehabt, die Dummen sind die anderen. So hast du auf den Fotos ausgesehen, einer, der immer recht hat und das auch weiß. Dann hast du dich getäuscht und es nicht verwunden, daß ausgerechnet dir das passieren mußte. Eine Lektion bist du dann schuldig geblieben, die wichtigste vielleicht, nämlich wie man nach der Täuschung weiterlebt. Ein bißchen leicht gemacht hast du es dir schon, Paul, dich schweigend davonzustehlen und nichts als ein schweigendes Monument zu hinterlassen, an dem sich die Nachgeborenen die Zähne ausbeißen dürfen. Aber ich will jetzt nicht an dir herummäkeln, denn die Hauptsache ist, daß du noch lebst.

Kannst du nicht verstehen, warum es mich so sehr erleichtert, dich vor mir zu sehen, einen freundlichen alten Mann, der sich anstrengt, ein bißchen zynisch auszusehen, wie viele alte Leute? Ich brauche mir nicht mehr ständig vorzusagen, daß alles zu spät ist, gemessen an dir. Weil du selbst dein eigenes Bild überlebt hast, läßt du mir noch etwas Zeit. Da dein Tod hinausgeschoben ist, brauche ich nicht mehr die Angst zu haben, für alle Zeiten abgeschlagen dazustehen, nachdem ich dir an Jahren zuvorgekommen bin. Schließlich hat es sich auch für dich nicht allzusehr gelohnt, daß du es gleich so eilig gehabt hast. Ich weiß, es war die Angst vor dem Tod, die dich angetrieben hat, aber jetzt, nachdem du den *einen* Tod schon hinter dir hast, sind dir wahrscheinlich Zweifel gekommen, ob die Angst vor dem Tod das wahre Motiv deiner Eile war. Du weißt, wie sehr du deine und auch meine Zeitgenossen mit deiner Ungeduld beeindruckt hast. Und Eindruck machen, das hast du doch gewollt, auch wenn du es nicht zugeben magst. Auch mit dem Tod, von dem du ein wenig zu laut geredet hast für meinen Geschmack, denn wieviel vom Tod hast du selbst gesehen? Im Krieg vielleicht, aber da hast du schon geschwiegen.

War es dann nicht eine große Befriedigung für dich, zwanzig Jahre nach deinem Tod und nach zwanzig Jahren Totschweigen durch die Kommunisten, die dich einen Verräter schimpften, wieder in aller Munde zu sein? Deine Bücher sind wieder gedruckt worden, und noch mehr Bücher, als du geschrieben hast, sind über dich geschrieben worden. Viele hatten keine einzige Zeile von dir gelesen und waren dennoch überzeugt, dich ganz genau zu kennen. Sie kannten nämlich den freigelassenen Platz in ihnen selbst, der für dich wie geschaffen war. Kein anderer hätte so glatt hineingepaßt wie du mit deiner Reinheit und Radikalität. Sie haben deinen Kampf gegen Universitätsprofessoren beklatscht, die heute niemand mehr kennt, als hättest du die Drachen von heute niedergerungen. Man hat ihnen erzählt, daß du ihr Zeitgenosse seist, und sie haben es gern geglaubt. So einer wie du hatte gefehlt im Zeitalter der wuchernden Feinheiten und einschläfernden Kompromisse. Mit dir kehrte eine Vergangenheit zurück, deren Kämpfe eindeutig sind, ihre Hoffnungen nicht kompromittiert, selbst ihre Niederlagen nicht endgültig. Die ewige Jugend dieser Vergangenheit: Vielleicht hat man deshalb soviel von Jugend geredet und sogar behauptet, dein Winterschlaf habe dich von Jahr zu Jahr jünger gemacht, um nicht eingestehen zu müssen, daß man nicht die Jugend suchte, sondern die Väter, die richtigen, guten und reinen.

Denn unsere eigenen Väter hatten nur noch Väter gespielt. Sie sind in den Krieg gezogen, aber nicht in den Kampf. Die einzige Umwälzung, die sie miterlebten, die Machtübernahme Hitlers, haben sie über sich ergehen lassen wie ein Unwetter. Sie haben sich nicht aufgelehnt; es ist lächerlich, sich über ein Gewitter zu empören, man bringt sich vor ihm in Sicherheit. Diese Väter haben wir ganz schnell weggeschoben, als ihr dann aufgetaucht seid, ihr Kämpfer und Helden.

Atemlos haben wir euren Erzählungen gelauscht, den Geschichten von Massenversammlungen und riesigen Demonstrationen. Wie gern wären wir dabeigewesen, als die Massen in Paris und in der Provinz im Februar 1934 einen Staatsstreich vereitelten. Ganz warm ist uns geworden, als wir zusahen, wie sich bei euch die verfeindeten Flügel der Arbeiterbewegung versöhnten. Hingerissen erlebten wir das Fest der Volksfront mit, die Streiks, die Fabrikbesetzungen, die Umzüge auf der Straße. Und wir verfluchten das Schicksal, das uns nicht mehr erlaubte, auf der Seite der Republik im Spanischen Bürgerkrieg zu kämpfen, den feigen Vätern vorzumachen, wie man Faschisten bekämpft, mit der Waffe in der Hand.

Wir platzten vor Neid auf euch, Paul. Wir waren eifersüchtig auf euer Leben, das sogar dem Tod noch Platz für eine Bedeutung ließ. Daß die

Welt uns diese Geschichte vorenthielt, brachte uns erst recht gegen sie auf. Es erging uns genauso wie den Figuren deines letzten Romans.

Sie wußten noch nicht, wie schwer und träge die Welt ist, wie wenig sie einer Mauer gleicht, die man einreißt, um eine viel schönere hochzuziehen, daß sie vielmehr einem Klumpen Gallerte ohne Kopf und Schwanz ähnelt, einer Art riesiger Medusa mit wohlverborgenen Organen.

Weil wir es in unserer Ohnmacht nicht aushielten, fingen wir an, Szenen der versäumten Geschichte nachzuspielen, frühmorgens vor Fabriktoren zu stehen und uns von der Polizei verhaften zu lassen. Wenn wir uns fragten, für wen wir das alles spielten außer für uns selbst, kamen wir auf alle möglichen Antworten, nur auf die eine nicht: daß ihr die Zuschauer wart, denen wir gefallen wollten.

Wir wollten euch, unseren wahren Vätern, beweisen, daß wir nicht aus der Art geschlagen sind. Euch zeigen, daß ihr nicht umsonst gekämpft habt und daß ihr nicht umsonst gestorben seid, denn dadurch bekam auch unser Spiel einen Sinn. Ohne es zu merken, fingen wir an, uns selbst mit euren Augen zu sehen, unsere Gegenwart mit eurer Zeit zu verwechseln, das Theater als Realität zu nehmen. Einige unter uns gaben sich nicht damit zufrieden, mit Theaterwaffen zu hantieren, sie besorgten sich wirkliche Maschinenpistolen, sie schossen und trafen und wurden selbst getroffen, und die Überlebenden erwachten in den Gefängnissen einer anderen Zeit. Hätten sie auf dich gehört, Paul, dann wären ihnen Tod und Gefängnis erspart geblieben:

Die alten Leidenschaften des Anarchismus haben sich an den ziemlich beachtlichen Techniken der Regierung und der Polizei totgelaufen. Die Revolution wird technisch entschieden werden.

Nicht nur daß ihr alles besser gemacht hattet, Paul. Ihr habt auch noch alles besser gewußt. Unentrinnbare Väter.

Sich von einem Vater zu befreien, mit dem man gelebt hat, ist ein Kinderspiel gegen die Anstrengung, mit Vätern fertigzuwerden, die nichts anderes hinterlassen als die ungreifbare Herausforderung ihrer Vortrefflichkeit. Immer warst du schon dagewesen, wohin ich auch ging. Träumte ich nur von der Aktion, dann hattest du dich längst hineingestürzt. Und wenn ich vor dir floh, bliebst du mir auf den Fersen. Schließlich versteckte ich mich und schlich mich von der Seite an dich heran, in der Hoffnung, endlich den großen häßlichen Makel zu entdecken, der mich ein für allemal abgestoßen und mich von dir befreit hätte.

Daß dein Gesicht nicht fleckenlos ist, das weißt du selbst. Hast du nicht bei Erscheinen deines ersten Buchs großspurig verkündet:

Dieses Buch wird das letzte individuelle Buch des Autors sein. Er ist nicht mehr allein. Er läßt hinter sich, was er im Haufen der bürgerlichen Fäulnis gewesen ist.

Natürlich hast du nicht Wort gehalten und weiterhin individuelle Bücher geschrieben, aber das macht dich nur sympathisch, denn solche Wortbrüche sind uns selbst vertraut. Auch hast du deine Zeitgenossen gern mit dem Hinweis beeindruckt, daß du ein Mann der Praxis bist, der sich nicht scheut, mit anzupacken, der die Dreckarbeit kennt und den Kampf auf Leben und Tod. Wie sah er eigentlich aus, euer Kampf auf Leben und Tod, von nahem betrachtet? Versammlungen und Kongresse, Kämpfe um die Rednerliste, wichtige Gesichter, hin- und hergereichte Zettel, Getuschel am Podium, veschwörerische Mienen, und irgendwo weit weg lagen Freiwillige in stinkenden Gräben, mit veralteten Waffen ausgerüstet, um die Barbarei aufzuhalten. Während ihr in euren Reden die Barbarei besiegt hattet, hockten einige, die ihr gerade entkommen waren, nicht weit von den Kongreßsälen in Dachkammern und brüteten ausgehungert über ihren Versuchen, den Sieg der Barbarei zu verstehen.

Wir beanspruchen von den Nachgeborenen nicht Dank für unsere Siege, sondern Eingedenken unserer Niederlagen,

schrieb damals einer von ihnen.

Mag die Liste eurer Kämpfe und Siege lang und beeindruckend sein, Paul, so ist es die Liste eurer Niederlagen und Irrtümer nicht minder. Punkt für Punkt sind wir sie inzwischen durchgegangen, haben sie beim Namen genannt und sind uns dabei sehr weise vorgekommen. Wir wissen heute unendlich viel mehr, als ihr damals wissen konntet. Habt ihr aber auch vieles gar nicht wissen wollen? Wir wollen heute alles wissen und uns von nichts mehr hinters Licht führen lassen. Wenn eine Revolution nicht sagen kann, was sie mit ihren besiegten Gegnern, mit Abweichlern und Querköpfen vorhat, glauben wir ihr kein Wort. Wir sind euch auf die Schliche gekommen: Eure Radikalität war oft nur die Kehrseite eurer Vertrauensseligkeit. Wenn wir sehen, worauf ihr alles hereingefallen seid, Paul, dann kommen wir uns manchmal furchtbar überlegen vor.

Aber trotz allem bleibt es unbefriedigend, das Bescheidwissen. Wenn wir auch klüger geworden sind, wissen wir doch nicht, was wir mit der Klugheit anfangen sollen. Irgendwie macht es keinen Spaß, den Schlaumeier zu spielen. Wenn irgendwo in der Welt ein Volk seine Befreiung auf der Straße feiert, freuen wir uns schon nicht mehr mit, weil wir dahinter schon die Konterrevolution oder im besten Fall die Langeweile heraufziehen sehen, die dem kurzen Schauer des Freiheitsfestes folgen wird. In unseren Augen sind die roten Nelken bereits verwelkt, noch ehe sie in die Gewehrläufe gesteckt werden. Vielleicht ist der Blick, der die Dinge so sieht, nicht einmal besonders klug, sondern einfach nur müde und ziemlich hoffnungslos.

Mag es auch keinen Grund zur Hoffnung mehr geben, so ist die Sehnsucht nach Hoffnung deshalb noch nicht verstummt. Und solange sich noch der Wunsch nach Hoffnung regt, werden wir euch nicht los, Paul. Eure Blindheiten fallen auf einmal weniger ins Gewicht, weil sie nichts anderes als die Unkosten eurer Hoffnungen waren. Daß wir jetzt auf euren Irrtümern herumhacken, darfst du nicht als Rechthaberei mißverstehen: denn darin bekämpfen wir bloß den Neid auf eure Zeit, die auch dem Irrtum noch eine Rechtfertigung in der Zukunft versprach. Neidisch bin ich vor allem auf deine hoffnungsvolle Angst vor dem Tod: »Nicht sterben, bevor wir die Revolution gesehen haben«, hast du einen deiner Romankommunisten sagen lassen. Vorbei, Paul. Nicht nach dem, was der Tote versäumen wird, fragen wir, sondern nur nach dem, was ihm erspart bleibt. Die Todesangst, die uns bleibt, ist nur die Angst vor dem Elend des Verreckens.

Also Augen zu und weg. Da es kein Spanien mehr gibt, für das zu kämpfen sich lohnt, gehen wir weg aufs Land. Wir leben ein bißchen anders und arbeiten ein bißchen anders und möchten uns ein bißchen verändern, aber wozu die Veränderung dann gut sein soll, ist uns auch nicht klar. Niemand kann mehr sagen, was uns erwartet und ob wir auf die eine oder andere Weise besser vorbereitet sind. Die Waffen, die ihr uns hinterlassen habt, sind unbrauchbar geworden, eure Wörter haben nicht nur als Kampfmittel versagt, sondern taugen auch nicht mehr dazu, mit ihrer Hilfe die Lage zu verstehen.

Hast du es dir nicht wirklich zu einfach gemacht, Paul? Mit den paar Wörtern deiner Austrittserklärung hast du nur angedeutet, daß etwas Entscheidendes schiefgelaufen war, aber was genau das war, hast du verschwiegen. Die zwei Sätze an den Sekretär der Kommunistischen Partei haben stattdessen wundertätige Wirkungen entfaltet: Ohne daß sie auch nur einen Buchstaben an deinen Büchern veränderten, haben sie alles Falsche auf geheimnisvolle Weise aus ihnen entfernt. Sie sind zu einem Konservierungsstoff geworden, der deine Ideen und deine Revolte vor dem Verfaulen schützt.

Von Jahr zu Jahr hat ihn sein Winterschlaf jünger gemacht. Gestern war er unser Zeitgenosse, heute ist er der der jungen Leute,

hat einer deiner Freunde über dich geschrieben. Es ist nicht wahr, Paul, deine Wörter sind mit dir alt geworden, sie haben Schimmel angesetzt und machen Bauchweh, wenn man zuviel davon hinunterschluckt.

Jetzt kann ich auch verstehen, weshalb du die ganze Zeit geschwiegen hast: Deine ein wenig krächzende, unsicher gewordene Stimme hätte dazu verleiten können, auch deine Sprache auf ihre Altersflecken hin zu untersuchen. Sie sollte aber jung bleiben, kräftig und unverderblich. Es war schlau von dir, dich nach zwei Sätzen an deine alten Genossen und ein paar Bemerkungen über die List der Geschichte aus dem Staub zu machen. Jedermann kann sich jetzt mit dir sehen lassen, du bist ein richtiger Wasch-mir-den-Pelz-aber-mach-mich-nicht-naß-Kommunist geworden. Schau dir nur die armen Tröpfe dort drüben am Tisch neben dem Tresen an: Sie sind mit ihrer Überzeugung alt geworden, sie wissen nichts von Machiavelli und der Realpolitik, sie werden als traurige kommunistische Greise sterben, die letzten zurückgebliebenen Empörer in dieser traurigen Provinz.

Du bist fein heraus, Paul, denn dein Schweigen hat dich gut und rein gemacht. Man könnte dir Denkmäler setzen und dich in den Schulbüchern loben. Mit deiner Reinheit und Vortrefflichkeit paßt du sogar ganz gut in diese Welt, die nicht mehr nur von der Ausbeutung lebt, sondern auch davon, daß sie die Unreinen und Unbrauchbaren vollends entmutigt. Als Versager müssen sie sich selbst hassen lernen, damit sie nicht auf den Gedanken kommen, daß die Einrichtung der Welt es ist, die versagt. Ob du es willst oder nicht: Mit deiner Tüchtigkeit, deiner Eile, deinem Erfolg und vor allem deinem glanzvollen Abgang hast du dich in die Galerie der gelungenen souveränen Personen eingereiht, an der die Versager das ganze Elend ihres Versagens erst recht ablesen sollen. Bist du nicht zum Komplizen der Welt geworden, die du hast bekämpfen wollen, weil du ihr durch dein großartiges Beispiel hilfst, die Kleinen noch kleiner zu kriegen?

Schau jetzt nicht so empört, Paul. Sag doch lieber, was du schon lange hättest sagen können, daß sie sich nämlich nicht gelohnt hat, die ganze Ackerei. War es nicht der Lehrer in dir und der verfluchte gute Kommunist, der dich daran gehindert hat, es endlich zuzugeben? Spiel nicht weiter den Klassenprimus, wir sind hier nicht in der Schule. Und sind die Revolutionen nicht gerade an ihren Strebern gescheitert, den Besserwissern und Richtigmachern?

Aber es ist trotz allem nicht einfach, euch loszuwerden, Paul. Wir müßten nicht nur den Drang nach Tüchtigkeit aufgeben, sondern auch den Wunsch nach Hoffnung. Warum übt das Wort Kommunismus, trotz allem, immer noch eine Faszination aus? Eben weil die Hoffnung nicht allzu viele Namen hat. Wie findet man aus der Jugend heraus?, hast du in deinem letzten Roman gefragt, aber als Antwort hast du leider nur eine Krankheit erfunden, eine Romanantwort. Käme es nicht darauf an, alle Hoffnung und Erwartung aus dem Blick zu verbannen, der auf die Umgebung fällt, damit sie sich endlich zeigen kann, wie sie ist, im Rohzustand, nicht in die Hülle unserer Wünsche eingepackt? Wenn es mir gelänge, es mit einem Blick auszuhalten, der beim ersten Hinsehen schon die letzte Enttäuschung vorwegnähme, ohne daß ich darüber verrückt würde, dann wäre ich dich losgeworden, Paul.

Soweit ist es aber noch lange nicht. Ich fühle mich nur ein wenig erleichtert.

Lothar Schöne
Das Hülsenkeim-Projekt

Darf ich Sie bitten, mein Herr, näher zu treten, noch näher, ganz nahe, ich will nicht laut werden, ich kann meine Stimme nicht erheben, darf mich nicht anstrengen, meine Physis ist in Mitleidenschaft gezogen, der Körper geschwächt, mein aufrechter Gang nichts als Verstellung, ja die Vokabel Verklärung wäre am Platze, übelste Schauspielerei also, Besessenheit, Veitstänzerei, Afterkunst mithin, im Grunde, im tiefsten Grunde, sollte ich flach liegen, von allen Seiten abgestützt, festgezurrt an Armen und Beinen, Ausläufern meiner Not, den Kopf ein wenig erhöht, und dabei aus dem Fenster schauen, das Menschheitsspektakel als Kasperliade vorbeiziehen hören und Ihnen dabei, mein Herr, stumme Botschaften übermitteln, die Sie natürlich nicht verstehen würden, da sie niemand verstehen würde, also auch Sie nicht, der Sie lediglich eine winzige Teilmenge dieser nichtverstehenden bergauf-, talabschwappenden Gesamtmenge sind.

Die Gefälligkeit der horizontalen Gebundenheit, um nicht zu sagen Angebundenheit, hat mir jedoch der Herr Direktor ohne zwingenden Anlaß und lediglich aus Fortschrittsdünkelei verwehrt, so daß ich nun, wie Sie sehen, stehend, eben in äußerster Verstellung, ja Verklärung, Ihr Ohr zu erreichen suche, ein Organ übrigens, das in immer größere Bedeutsamkeit gleichsam hineinwächst und das ich doch mehr und mehr zu verachten gelernt habe. Hören Sie? Hören Sie mich? Ich rede, und Sie hören. Aber hören Sie mich wirklich? Nein, keine Antwort, keine überflüssige Antwort, bleiben Sie mir die Antwort schuldig, Sie sollen nur zuhören, und schon ist Ihre Mission erfüllt, Ihr Leben gerechtfertigt, Ihr Dasein geheiligt. Wer zuhört, ist ein besserer Mensch, ich möchte sogar die Verstiegenheit wagen: wird ein besserer Mensch. Ihre Kollegen, im allgemeinen maulfromm schweigend, verwandeln sich, einmal nach Wind und Wetter befragt, in zungendreschende Plaudertaschen, Eloquenzbrillisten, Monotonkünstler. Die Welt ist ihnen eine unhörbare, und nur, weil sie Verstopfte sind. Wer nicht hören will, muß reden. Soll ich an sie herantreten, sie rütteln und schütteln, aus der Verstopfung erretten? Ich, der ich mir Schonung auferlegen muß und doch den Direktor dieser Anstalt durchgewalkt habe, daß er wahrhaftig glaubte und auch mir selbst momentweise dieser Gedanke vertrauter wurde, ich sei von

Sinnen. Glauben Sie ihm nicht, falls er Sie ins Vertrauen ziehen sollte, meine abrupte Sinnenlosigkeit ist, wenn überhaupt, ein Zeichen für absolute Sinnenhaftigkeit. Wer kann verlieren, was er nicht hat? Selbst in der Umkehrung stimmt dieser Satz: Wer nichts hat, was kann der verlieren. *Habeo, ergo sum.*

Ich will Ihnen, mein Herr, anvertrauen, daß ich nicht einmal weiß, wie ich überhaupt hierhergekommen bin. *Einmal dem Fehlläuten der Nachtglocke gefolgt* – es ist wahrhaftig nie wieder gutzumachen. Denn ich fürchte, ich bin, bestätigen Sie durch Kopfnicken, in Goddelau, was jedoch keineswegs so gewiß ist, wie es scheint. Wissen Sie, was ich mit Gewißheit meine? Nein, Sie wissen es nicht, können es nicht wissen, denn Sie sind nicht ich, Heinrich Maria Hülsenkeim, Nachfahr des unvergleichlichen Orgelbauers und Notensetzers Henricus Hülsenkeim, meines Ururgroßvaters, von dem ich mich, berufsmäßig gesehen, lichtjahrweit entfernt habe, denn ich sitze auf einer anderen Galaxie als mein Ururgroßvater Henricus. Heute bin ich geneigt zu sagen, er in der Fülle, im Rausch, auf dem Planeten der Glückseligkeit, kurzum: er im Reiche der Musik, ich im Halbreich der Wissenschaft. Am Anfang, wie war ich am Anfang begeistert von meiner Disziplin, von allem wissenschaftlichen Tun überhaupt. *Scientia culmen hominum*, das war die Losung jener Tage. Ich hatte mich gewissermaßen auf das edelste Roß der Menschheit geschwungen und galoppierte mit ihm fernen Morgenröten entgegen, nicht ohne ihm hin und wieder Koseworte ins Ohr zu wispern oder, falls nötig, die Peitsche zu geben. Auch das wissenschaftliche Roß ist nur ein Roß und bedarf, wie ich frühzeitig schon feststellte, gewisser Ermunterungen, wobei freilich das Fortbewegungsmittel als solches anzuzweifeln mir nie in den Sinn kam, ja, ich im Gegenteil begann, Roßarien zu komponieren, Roßhymnen zu verfassen, Roßlorbeeren zu entwerfen, kurz gesagt: einer enthemmten Roßhudelei zu frönen. Hören Sie? Sie sollten vielleicht die Tür einen Spaltbreit öffnen, damit Sie besser hören können, damit die Anstrengung des Hörens durch die Tür gemildert wird. Von mir haben Sie nichts zu befürchten, die Behandlung, die ich Ihrem Herrn Direktor angedeihen ließ, war eine Selbstrettung, ein Haschen nach der Ehre, der untergehenden, des Heinrich Maria Hülsenkeim, der ein völlig friedlicher Zeitgenosse, aber doch ein Hülsenkeim ist. Ich weiß, daß Sie mich sehen, daß Sie mir zusehen, aber hören Sie mich auch? Das Sehen, mein Herr, wird grotesk überbewertet, Sie sehen nicht mich, vielmehr eine Turmuhr, der die Zeiger davonfliegen, und ich, der Biologe Hülsenkeim, Nachfahr jenes gewaltigen Henricus, rufe Ihnen, der die Tür nicht einen Spaltbreit öffnen will und sich vollkommen auf sein Sehen, sein Sehen durch ein armseliges Türloch, verläßt, im Fluge zu: Es ist eine Vision, daß Sie mich sehen, hören Sie? Meine Eigenschaften übersteigen Ihre Wahrnehmungsmöglichkeiten, ich bin nicht dreidimensional, ich bin so vieldimensional, daß es Ihren Kopf sprengt, würden Sie hören, alle Köpfe würde es sprengen, würden sie hören, Sprengköpfe alle, unerhörte, ungesprengte Sprengköpfe bis auf weiteres, ich bin Hülsenkeim, der n-Dimensionale, und Sie sehen mich nur, weil der Herr Direktor Ihnen Bescheid gesagt hat, aber fälschlich Bescheid gesagt hat, er hat mich verfälscht, er hat mich Ihnen ausgelegt, das ist der ganze Jammer, und alles Sehen nutzt Ihnen nichts, denn Sie glotzen ja doch nur, und wer weiß, ob Sie hören, ob Sie hören können, was ich sage, vielleicht gehören Sie zu den Verstopften dieser Anstalt, zu diesem ganzen verstopften Goddelau, und meine Rede rauscht an Ihnen vorbei wie der Bergbach an jenen aufstiegswilligen Bundhosenträgern, denen statt düsterer Musik nur Gemecker, Gemaunz, Geraunz im Ohr bleibt, diesem in immer größere Bedeutungslosigkeit versinkenden Organ.

Aber, mein Herr und Mithörer auf der anderen Seite, wo alles versinkt, wie sollte da ein Ohr sich retten können, die Ohren eilen ebenso ihrem Ende entgegen wie die Nasen und Bärte, wie die Gipfelstürmer und Tiefseetaucher, die Glatzköpfe und Toupettträger, Rabenmütter und Halbwaisen, all die Sinnsucher, Seelenkärglinge und Selbstmörder eilen ihrem unwiderruflichen Ende entgegen, und nur wir in Goddelau, und ich spreche Sie nun höchstpersönlich an, wir beide eilen nicht, sondern verharren, verbringen unsere Stunden hinter ein und derselben Tür, definitionsgemäß drinnen und draußen, wobei Sie lauschen und ich rede, aber ich nie sicher bin, ob Sie auch hören, ob Sie mit Ihren Ohren, den verstopften, überhaupt hören können.

Miracula non sunt multiplicanda, das bewährte Prinzip der Scholastik, möchte ich Ihnen an dieser Stelle zurufen, zugleich eine geniale Formel des Quälerischen unseres Daseins, die letzten Endes nichts anderes bedeutet als: Wir suchen Wunder, weil uns natürliche Erklärungen langweilen, und obwohl wir wissen, daß sie einmalig sind, suchen wir immer wieder aufs neue. Wir suchen und suchen und immer dort, wo wir zu finden wünschen, statt daß wir finden und finden, wo wir nicht suchen, so daß wir zuletzt umherirren und irren und doch nichts gefunden haben. Womit wir, mein Herr anderenseits, dem Rätsel meines Hierseins, meines unbegreiflichen Hierseins, vermutlich nähergekommen sind. Denn ich, der Biologe Heinrich Maria Hülsenkeim, kinderlos und somit letzter Nachfahr des verkannten Orgelbauers und Notensetzers Henricus Hülsenkeim, weiß schon lange, daß alles vollkommen anders sich verhält, als es der Schein uns vorgaukelt, denn ich habe, getrieben von meinem Descartschen Dämon, entrückt durch den Rausch, aufgegangen in der Stille, einen Blick tun können in jene Unergründlichkeit, unsere Spezies zu schauen, und ich kann Ihnen nun mitteilen: Weder eilen die Gipfelstürmer und Tiefseetaucher noch die Glatzköpfe und Toupetträger noch die Rabenmütter und Halbwaisen ihrem unwiderruflichen Ende entgegen. Unter uns und ganz im Vertrauen, ich arbeite seit geraumer Zeit an einem Projekt, das in Fachkreisen als das ›Hülsenkeim-Projekt‹ bekannt geworden ist, und selbst wenn Sie weder davon noch vom Hülsenkeimschen Theorem noch von mir selbst gehört haben, müßte Ihnen doch die Tatsache vertraut sein, daß seit der Entstehung der Welt erst zehn hoch siebzehn Sekunden vergangen sind, sich das Universum also vermutlich im Jünglingsalter befindet, ganz zu schweigen vom Alter unseres Erdballs, der gleichsam gerade erst auf die Welt gekommen ist und sich von früh bis spät beschmutzt und besudelt, was wiederum eine Reihe von Schlußfolgerungen zuläßt, Schlußfolgerungen, die, das möchte ich ausdrücklich betonen, auf alle Gipfelstürmer und Tiefseetaucher, Glatzköpfe und Toupetträger, Rabenmütter und Halbwaisen zutreffen.

Bitte, mein Herr, Sie hören hier einen der letzten Heizer der Welt, der ohne Unterlaß sich martert, wie er jenen Sudelstern mit diesen Geistbenetzten verschmelzen, wie er Löcher in die Erbarmungslosigkeit schlagen, wie er sich selbst und damit also Goddelau überflüssig machen kann, denn Sie werden mir zustimmen, daß die Goddelauschen Verhältnisse himmelschreiend sind, wobei ich stillschweigend voraussetze, in Goddelau zu sein, und mit Ingrimm feststelle, daß Ihr Kopfnicken zu diesem Punkt nach wie vor aussteht, da Sie sich weigern, die uns trennende Tür auch nur einen Spaltbreit zu öffnen, während mir andererseits Ihr Verhalten ohne Fehl und Tadel, ja von einer gewissen weisen Voraussicht zu zeugen scheint, denn ob Goddelau oder nicht, das bleibt sich, von einer höheren Warte aus betrachtet, eigentlich gleich, an meinem Essay kann ich hüben wie drüben, dort wie hier weiterarbeiten, nur Feder und Papier sind nötig, die man mir eines Tages selbst in Goddelau nicht wird verwehren können.

Indem ich also weder Feder noch Papier ergreife und in völliger Unruhe und erzwungener Zurückgezogenheit – gesund keineswegs, geschwächt im höchsten Grade, indem ich mich also auf jenem Stuhl niederlasse, der Feder schmerzlich entbehrend und in der sicheren Gewißheit, nicht aus Ihrem Blick entlassen zu werden, will ich Ihnen gestehen: Die wissenschaftliche Welt schmäht mich, Haßtiraden haben mich schon lange von meinem ordentlichen Lehrstuhl vertrieben, Haßtiraden verfolgen mich, wo immer ich auch hinflüchte, ja, Haßtiraden sind mir sogar hier entgegengeschallt, hier in Goddelau, als mich Ihr Herr Direktor schiefmäulig, sauergesichtig und verstopft empfing und sogleich pöbelhafte Reden gegen mich zu führen begann, wofür sich Hülsenkeim der Letzte bei ihm mit einer Portion Maulschellen, Backpfeifen und Kopfnüssen bedankte, die Ihrem Herrn Direktor freilich nicht mundete. Sie hören recht, mein Herr anderenseits, ich habe dieses Institut durchschaut, ich habe es sofort durchschaut, als ich Ihren Herrn Direktor erblickte in Gehpelz, Halskrause und Pulswärmern, Ballettschuhe an den Füßen, Sturzhelm auf dem Kopf, der sich bald als Jakobinermütze entpuppte, die wiederum nichts anderes war als eine Zipfelmütze, ja Nachthaube, als ich Ihren Herrn Direktor in Amtstracht also erblickte, diese durch und durch provisorische Erscheinung, Manifestation der Scharlatanerie, jederzeit ersetzbar durch einen anderen Doktor Eisenbart, der meine Zuneigung ebenso dringend nötig hätte und nicht *vice versa*, wie man hier zu glauben scheint. Dabei wollte ich, was das einzig Richtige gewesen wäre, ihm etwas Gutes tun, bei ihm sofort einen dichotischen Hörtest vornehmen, ihm durch zwei Hörkanäle unterschiedliche Fragen zurufen: wozu dies alles? sind wir allein? wer träumt uns denn? hören Sie? Nein, er hätte nichts gehört, ein Kanal hätte seine Hörfähigkeit weit überstiegen, zwei Kanäle hätten seine Hörnerven geschunden, sein gesamtes Hörsystem zum Erliegen gebracht und ihn selbst in nicht zu verantwortende Verwirrung gestürzt. Weil ich das ahnte, vielmehr seiner schiefmäuligen und nachthaubenhaften Erscheinung ansah, die fortwährend den Satz ausspie »Der Mensch ist unersetzbar«, die Verstopfungssymptome gleichsam unübersehbar in seiner Physiognomie entdeckte, brach ich das Gespräch, das im eigentlichen Sinne noch nicht in Gang gekommen war, ab und erzählte nichts von meinem Essay, den ich aufgrund meiner Forschungen zu schreiben in Angriff genommen habe und von dem ich Ihnen, mein Herr und Türlochgucker, gewissermaßen exklusiv Kenntnis gebe.

Glauben Sie bitte nicht, daß nach ›kritzel‹ immer ein ›kratzel‹ folgen müsse. Obwohl ich felsenfest davon überzeugt war, daß nach ›kritzel‹ ›kratzel‹ käme und nicht etwa ›kritzel‹ nach ›kratzel‹, ganz zu schweigen von Folgen wie ›krotzel – kritzel‹ oder gar ›krutzel – kretzel‹, erkannte ich plötzlich und unerwartet, daß der Weltmöglichkeiten unüberschaubar viele sind, jederzeit demnach ein ›krutzel – kretzel‹, ja sogar ein ›krotzel – krutzel‹ möglich ist, sei, wäre oder sein könnte, und lediglich in meinen frühen wissenschaftlichen Jahren, der Roßhudelei-Ära, was, obwohl es noch keine Generation her ist, mir wie ein urzeitlicher Traum erscheint, habe ich dem Wittgensteinschen Glaubensbekenntnis gehuldigt, ja es mitunter sogar öffentlich vorgebetet, den so berühmten wie widerwärtig geistlosen *Tractatus* aufgeschleckt als Kunsthonig meiner intellektuellen, also meteorhaften Existenz. Die maßlose Dummheit der Jünger Wittgensteins, wie überhaupt fast aller Jünger, ist mir schon bald mit Hilfe eigener Denkkraft aufgegangen. Schon über *Polystichum setiferum*, den gemeinen Schildfarn also, läßt sich kaum etwas Klares sagen; wie schwachsinnig das Theorem der Klarheit jedoch tatsächlich ist, zeigt sich in aller Deutlichkeit am Beispiel von *Lophophora Williamsii*, dem Peyote-Kaktus, einem Lebewesen, über das Aussagen zu machen nur der Tonkünstler, der Virtuose, möglicherweise allein der Orgelspieler imstande ist.

Als ich erkannt hatte, daß die Köpfe ihre Flügel nach wie vor vergeblich ausspannen, ihren Kerkern zu entfliehen, erbarmungswürdige Flatterversuche zwanghafter Simultankünstler, mit denen verglichen der Schneider von Ulm ein Raketenbauer war, geschah etwas seltsam Unwissenschaftliches. Mein Leben eine Flucht, ich sagte es schon, und deshalb hatte ich mich zurückgezogen, lebe unter falschem Namen in einem Schlupfwinkel, verzehre meine Pension an einem Ort, der nicht genannt sein will, und lebe allein, die Einsamkeit ist mir unentbehrlich, vernarrt bin ich in sie, und ich will Ihnen gestehen, daß mich der Gedanke, ins Kloster zu gehen, jedesmal erregt, aber die Vorstellung unablässiger Exerzitien mich schließlich doch wieder davon abbringt, denn was ich dringend benötige, ist die Stille, nicht eine klerikale Stille, sondern die absolute, gewissermaßen wertfreie Stille, die Stille an sich, also etwas, das allmählich aus der Welt verschwindet, das ausstirbt den Sauriern gleich, so daß man später einmal fragen wird: Und die Stille, wie sah sie aus, war sie schön, hatte sie drei Augen und vier Beine, oder wehte sie stets von Südwest nach Nordost?

Schon im Normalzustand des Alleinseins mit der Stille hatte ich wunderbare Erlebnisse. Nicht nur, daß ich meine *Hedera helix*, den Zimmerefeu, atmen und meine *Tilia grandiflora*, die Linde, vor meinem Fenster zu unmöglicher Stunde schnarchen hörte, ich hörte jede kleinste Spinne an mir vorbeieilen, die Fliegen erzählten wahre Romane im Vorbeisausen, die Ameisen riefen sich hinter meinem Rücken Signale zu. Schon durchschaut, schon gehört! Und ich hätte ihnen in den Weg treten, hätte sie zur Rede stellen können, aber tat es nicht, allein der Stille zuliebe. Und die Stille begann mich dafür zu lieben, schmiegte sich an mich, schmeichelte mir und liebkoste mich, ließ keinen fremden Ton mehr zwischen uns, und auch ich begann Mißtöne zu verabscheuen und Menschengeräusche zu meiden. Bei alledem liefen meine Forschungen, nun *privatim privatissime*, auf Hochtouren weiter, und die Stille zeigte nicht nur keinerlei Eifersucht, sondern im Gegenteil großes Verständnis und war bei fast allen meinen Untersuchungen zugegen. Ich beschäftigte mich, wie schon in den letzten Jahren meiner Universitätszeit, mit den sogenannten Überlebensmaschinen, denn natürlich war es für mich wie für die seriösen meiner Kollegen vollkommen klar, daß die menschliche Spezies zum Aussterben verurteilt ist, auf diesem Sudelstern ist alles zum Aussterben verurteilt, dauere es einige Millionen oder einige hundert Millionen Jahre, aber die menschliche Rasse ist ganz besonders zum Aussterben verurteilt – und warum wohl? Jawohl, mein Herr anderenseits, Sie vermuten ganz richtig: weil ihr die Evolution nicht zuträglich war, weil sie sich, wie ich in meinen Schriften ausführe, extrem pericolisiert hat, und weshalb sollte die Welt ihr also gestatten, weiterhin zu existieren, sich goddelauhaft auszubreiten und die Hülsenkeims hinter versperrten Türen festzuhalten, nachdem dubiose Direktorialgestalten sie pöbelhaft beschimpfen wollten, was kläglich mißlang, und man sie schließlich nötigte, laut zu werden, die Stille zu vertreiben, da gewisse Türlochgucker die verschlossene Tür nicht einen Spaltbreit öffnen wollen, so die angegriffene Physis von keinem anderen als Hülsenkeim dem Letzten verschlimmernd und, lassen Sie mich den Satz final beenden, ihn somit in seinem Entschluß, das Hülsenkeim-Projekt der Welt bekanntzugeben, bestärkend.

Die Welt, verehrter Türlochgucker, ist aber keineswegs, das mutmaßen Sie, meinen Ausführungen folgend, schon lange, die Welt. Die Welt, die Sie sehen, durch Ihr Guckloch sehen, ist nichts anderes als ein Stück Kunst, ein riesenhaftes Stück Kunst oder auch ein riesenhaft mickriges Stück Kunst, aber mit der Wirklichkeit, der Weltwirklichkeit gewissermaßen, hat sie soviel zu tun wie die Mona Lisa mit den Frauen aller Generationen dieses Erdsterns, und so wie es jenen Frauen ein Leichtes gewesen ist, ihre Männer zu verderben, so ist es auch dieser Weltwirklichkeit jederzeit möglich, das menschliche Geschlecht zu zerstören. Das ist der Hülsenkeimsche Stand der Erkenntnis, während nicht unerhebliche Kollegen vor sich hinmurmeln, das alles sei nicht vorstellbar, als sei die Vokabel ›vorstellbar‹ je ein Argument gegenüber der Wirklichkeit gewesen. Das Weltall ist unendlich, aber begrenzt, und Goddelau ist begrenzt, aber unendlich, und beides ist nicht vorstellbar, was nichts, aber auch gar nichts über den Wahrheitsgehalt der Sätze sagt, wobei ich persönlich die Goddelau-Aussage vorstellbarer finde, ja durch und durch wahr und wahrhaftig, denn wenn ich auch den Namen meines Schlupfwinkels nicht verraten kann, da ich sonst alles verrate, so scheint er mir doch Goddelau sehr ähnlich, vielleicht sogar mit Goddelau identisch zu sein, und selbst der Direktor hier gleicht dem Direktor dort bis auf die Ballett-schuhe, wenn ich es recht überlege, es schaudert mich, immer mehr zu erkennen, halte ich inne, fällt mich die Angst an.

Gestatten Sie, daß ich mich Ihnen wieder nähere, vielmehr der uns trennenden Tür, die ich keineswegs als Hindernis unserer Verständigung anerkennen kann. Es ging mir in meiner Wissenschaftsarbeit immer und immer wieder um nichts anderes als die Entwicklung der Überlebensma-schinen, zugleich um das Problem, den Menschen grundlegend, also von Grund auf, also aus sich heraus, also *eo ipso*, zu depericolisieren, ja, ich scheue nicht die Wendung, zu entdämonisieren, obwohl dieser Begriff als *Terminus technicus* meiner Disziplin unbekannt ist. Das Problem jeden-falls, und ich höre Sie hinter Ihrer Tür zustimmend nicken, war von höchster Priorität, denn wer konnte schon sagen, ob unserer Spezies noch einige hunderttausend Jahre, was schon nichts wäre, oder noch einige hundert Jahre Zeit bleibt, und Garantien sprechen heute, wenn auch schon seltener, nur noch Theologen aus, die in der Kunst des Überlebens lediglich einen Akt bigotter, um nicht zu sagen übelster Schauspielerei, Besessenheit, Veitstänzerei, Afterkunst zu sehen vermögen und Schmer-zensschreie noch nie von Freudengeheul zu unterscheiden wußten, und das nur, verehrter Türlochgucker, weil die Verstopfung zu weit schon vorangeschritten ist, so daß wir heute in Goddelau sitzen müssen, Sie draußen und ich drinnen, und uns lediglich dämmert, daß es sich hier wahrscheinlich um einen sinnlosen, aber unüberschaubaren Zufall han-delt, dem wir gar nichts entgegenzusetzen haben, ja, dessen Unüber-schaubarkeit uns nach und nach und mehr und mehr unsere Beschränkt-heit deutlich macht.

Ich experimentierte mit Geist und Genen, arbeitete in meinem Schlupfwinkel berserkerhaft an dem Problem der Depericolisierung des Menschen, und ich ahnte, daß damit die Konstruktion der Überlebens-maschinen zusammenhing. Meine Stille war immer bei mir, sie ermun-terte mich, sie trieb mich an, sie tröstete mich, sie redete mit Engelszun-gen zu mir, und doch verstand ich nichts. Bis meine Geliebte ein Einse-hen mit mir hatte und schwieg und alles um mich herum still wurde. Die Turmuhr sauste weg mit allen Ziffern, Zeigern, die Ameisen verstumm-ten, alles brach hinter mir zusammen, das Hülsenkeimsche Theorem fiel mir als Schuppe von den Augen, die Überwindung des Menschen in aller Stille, plötzlich spielte die Orgel, ich hörte das Lied *Silentium rerum*, eine Komposition meines Ururgroßvaters. Henricus! rief ich, Henricus! Aber die Stille gebot mir zu schweigen, und ich hatte Ohren und hörte, hörte in jene Unergründlichkeit, hörte in Henricus' Spiel die Zukunft, und was ich hörte, warf meine gesamten Forschungen über den Haufen. Krutzelkrotzel flattert auf. Rösser laufen auf dem Rücken Rollschuh. Sprengköpfe nichts als Springkraut. Plaudere mit meinem Freunde Angst. Er taucht so tief und stürmt so hoch. Weg ist er schon. Weiterfliegen, weiterfliegen! Wir selbst sind ja die Überlebensmaschinen. Waren es immer schon. Gibt keine anderen Maschinen. Provisorien sind wir. Nichts als Melodie, Reim, Silhouette. Depericolisiert nun. Wirklich nur ganz außer uns. Hören Sie, mein Herr, wirklich nur, hören Sie, verehrter Türlochgucker, hören Sie...

Rudolf Peyer
Das Gleiche

Was das Sandkorn wendet
und den Fels zermalmt –:
Es ist das gleiche.

Was den Mond erschüttert
und den Krieg beendet –:
Es ist das gleiche.

Was den Vogelflug lenkt
und die Windrose öffnet –:
Es ist das gleiche.

Und wenn du im Schuh
eine Zehe bewegst –:
Es ist alles das gleiche.

Bio-bibliographische Notizen

Baier, Lothar, geb. 1942 in Karlsruhe, war nach dem Studium der Germanistik, Philosophie und Kunstgeschichte Redakteur der Zeitschrift »text und kritik«, nahm Lehraufträge an den Universitäten Essen, Köln und Gießen sowie an der University of Cincinnati/USA wahr und lebt, nach mehreren Frankreich-Aufenthalten, als freier Schriftsteller in Rödermark; veröffentlichte, neben Beiträgen in Zeitschriften und Anthologien, »Französische Zustände. Berichte und Essays« (1982) und die Erzählung »Jahresfrist« (1985), welcher der Text »An Paul Nizan« entnommen ist.

Geiser, Christoph, geb. 1949 in Basel, Mitglied der Deutschen Akademie für Sprache und Dichtung, studierte Soziologie, war Mitbegründer und Mitherausgeber der Schweizer Literaturzeitschrift »drehpunkt«, lebt als freier Schriftsteller in Bern. Veröffentlichte zuletzt die Romane »Grünsee« (1978), »Brachland« (1980) und »Wüstenfahrt« (1984). Der vorliegende Text stammt aus dem Manuskript des Romans »Das geheime Fieber«, der im Herbst 1987 erscheint.

Gregor-Dellin, Martin, geb. 1926 in Naumburg a. d. Saale, Mitglied der Deutschen Akademie für Sprache und Dichtung, aufgewachsen in Weißenfels, war nach dem Studium der Germanistik und Musikwissenschaft (in Leipzig) Verlagslektor in Halle, ging 1958 in die Bundesrepublik, war Rundfunkredakteur in Frankfurt und Verlagslektor in München und lebt seither als freier Schriftsteller in Gröbenzell bei München. Zuletzt erschienen u. a. »Richard Wagner. Sein Leben. Sein Werk. Sein Jahrhundert« (1980), »Schlabrendorf oder Die Republik« (1982), »Martin Luther. Eine Annäherung« (1983), »Heinrich Schütz. Sein Leben. Sein Werk. Seine Zeit« (1984) und »Italienisches Traumbuch« (1986).

Helbling, Hanno, Dr. phil., geb. 1930 in Zuoz/Engadin, Mitglied der Deutschen Akademie für Sprache und Dichtung, studierte Geschichte in Zürich, Neapel, München und Rom, war seit 1948 freier Mitarbeiter und seit 1958 Redakteur der Neuen Zürcher Zeitung und ist seit 1973 dort Leiter der Feuilleton-Redaktion. Veröffentlichte neben essayistischen und historischen Arbeiten – wie zuletzt »Politik der Päpste. Der Vatikan im Weltgeschehen 1958–1978« (1981) und »Die Zeit bestehen. Europäische Horizonte« (1983) – zahlreiche Übersetzungen aus dem Französischen, Englischen und Italienischen, zuletzt die Sonette Shakespeares (1983) und »Das Gedankenbuch« von Giacomo Leopardi (1985), sowie den Roman »Die Beiden« (1982).

Kunze, Reiner, geb. 1933 in Oelsnitz/Erzgebirge, Mitglied der Deutschen Akademie für Sprache und Dichtung, war nach dem Studium der Philosophie und Journalistik wissenschaftlicher Assistent an der Universität Leipzig, mußte 1959 den Universitätsdienst verlassen und arbeitete bis 1962 als Hilfsschlosser, danach als freier Schriftsteller, lebt seit 1977 in der Bundesrepublik und wurde im selben Jahr mit dem Georg-Büchner-Preis ausgezeichnet. Zuletzt erschienen die Bände »Hundert Gedichte 1956–1981« (1986) und »eines jeden einziges leben« (1986), aus denen die unter dem Titel »Durch die Risse des Glaubens« zusammengestellten Gedichte stammen.

Liebl, Franz, geb. 1923 in Heiligenkreuz (Westböhmen), besuchte Gymnasium und Lehrerbildungsanstalt in Mies, war nach 1945 Steinbrucharbeiter und Bauernknecht und später als Volkschullehrer und als Studienrat tätig; lebt seit 1973 im Ruhestand in Weißenburg i. Bay.; veröffentlichte zwei Bücher mit Erzählungen und sieben Gedicht-Bände, zuletzt »Elegie für Flügelhorn« (1983), daneben Gedichte und Prosa in Zeitschriften und Anthologien.

Loetscher, Hugo, geb. 1929 in Zürich, Mitglied der Deutschen Akademie für Sprache und Dichtung, war, nach dem Studium der Politischen Wissenschaften, der Wirtschaftsgeschichte, Soziologie und Literatur, literarischer Redakteur der Zeitschrift »DU« und bis 1969 Feuilleton-Redakteur der »Weltwoche« und lebt seitdem als freier Schriftsteller, Kritiker und Übersetzer häufig auf Reisen (in den fernen Osten und vor allem nach Lateinamerika), hauptsächlich aber in Zürich. War Gastdozent in Californien, New York und Fribourg und veröffentlichte neben seiner ausgedehnten publizistischen Tätigkeit u. a. die Romane »Abwässer. Ein Gutachten« (1963), »Die Kranzflechterin« (1964), »Noah« (1967), »Der Immune« (1975) und zuletzt »Die Papiere des Immunen« (1986).

Peyer, Rudolf, geb. 1929 in Olten (Schweiz), lebt, im Schuldienst tätig, in Reinach im Kanton Solothurn. Veröffentlichte Gedichte und lyrische Prosa unter den Titeln »Erdzeit« (1973), »Windstriche« (1979) und »Steinschrift« (1983) sowie Geschichten in den Bänden »Gleich nebenan« (1974) und »Abende mit Engelhardt« (1986). Das vorliegende Gedicht ist unveröffentlicht.

Raeber, Kuno, Dr. phil., geb. 1922 in Klingnau (Schweiz), stammt aus einer Luzerner Familie, studierte Geschichte, Literatur und Philosophie in Zürich, Genf, Paris und Basel und lebt, nach Tätigkeiten im Lehrberuf und an wissenschaftlichen Instituten, als freier Schriftsteller in München. Veröffentlichte neben den Romanen »Die Lügner sind ehrlich« (1960) und »Alexius unter der Treppe« (1973) Gedichte und Erzählungen, zuletzt die Bände »Reduktionen« (1981) und »Das Ei« (1981), und arbeitet zur Zeit an einem neuen Roman.

Schöne, Lothar, geb. 1949 in Herrnhut/Sachsen, lebt nach dem abgeschlossenen Studium der Politischen Wissenschaften und der Germanistik als freier Schriftsteller in Wiesbaden. Veröffentlichte »Der Einzelkämpfer. Roman in 21 Bildern« (1980), »Sahlheimer. Roman« (1984) sowie Erzählungen und Gedichte in Anthologien und Zeitschriften und im Rundfunk. Der vorliegende Text, 1986 in Klagenfurt gelesen und vom Autor für diesen Band zur Verfügung gestellt, ist die Vorstudie zu einem Roman, an dem der Autor zur Zeit arbeitet.

Straub, Stefan, geb. 1958 in Wiesbaden, lebt nach dem Studium der Philosophie, Germanistik und Theologie und nach Schulreferendariat in Wiesbaden und ist zur Zeit im Jugendstrafvollzug pädagogisch tätig. Veröffentlichte in Zeitungen und Zeitschriften Essays und Kurzgeschichten. Der vorliegende Text ist bisher unveröffentlicht.

Walter, Otto F., geb. 1928 in Rickenbach bei Olten (Schweiz), war nach der Ausbildung zum Buchhändler von 1956 bis 1967 Lektor und Leiter des literarischen Programms im väterlichen Verlag in Olten, danach Leiter des literarischen Programms im Luchterhand Verlag und lebt seit 1973 als freier Schriftsteller und Lektor in Niederbipp bei Solothurn. Veröffentlichte nach den Romanen »Der Stumme« (1959), »Herr Tourel« (1962), »Die Verwilderung« (1977) und Theaterstücken zuletzt »Wie wird Beton zu Glas. Fast eine Liebesgeschichte« (1979) und den Roman »Das Staunen der Schlafwandler am Ende der Nacht« (1983): Der vorliegende Text ist bisher unveröffentlicht.